はじめに

「学校の勉強が難しい」と感じている子どもは、どのくらいいるのでしょうか。文部科学省が2012年に行った調査によると、通常学級の中で学習に困難さをもつ児童・生徒の割合は6.5%と言われており、近年は、学校の中でもそういった子どもへの理解が深まり、支援が広がっています。しかし、それでもまだ、クラスの中にはSOSを発信できず、一人で困っている子どもがたくさんいるのではないかと感じています。

勉強について、「面倒くさい」「やりたくない」と言う子どもの背景には、読み書きや計算の苦手さや困難さがあるのかもしれません。そのような子どもの学びに必要なのは、その子の「得意なこと」「苦手なこと」が理解され、ていねいにサポートされることや、楽しく学びながらステップアップできる学習体験です。

さくらんぼ教室では、30年以上にわたって子ども一人ひとりに合わせた学習指導を実践してきました。本書は、さくらんぼ教室の教材をもとに「学校やご家庭でも楽しく学習してほしい」という願いからできたドリルです。

本書で扱っているのは、小学校段階の国語・算数の中でも、練習を積み重ねることで習得できる、漢字・計算の基礎です。学年にかかわらず、「すてっぷ」1〜6の中から、子どもにとって「ちょうどよい」「楽しくできる」段階を選び、一人ひとりの学び方に合わせて繰り返し使用することができます。子ども自身がオリジナルの文を作って書いたり、自由に問題を作ったりできる「練習プリント」と併せてご活用ください。

先生方や保護者の方には、子どもの取り組みを（文字のていねいさや誤りが気になったとしても）まずほめてあげていただきたいと思います。学習の中で、「苦手」な部分が目立つ場合は、注意するのではなく、「うまくいく方法」を一緒に考えてあげることが必要です。ほかの子とペースや学び方が異なっても、その子に合うやり方を工夫していけばよいのです。

本書が子どもの「やってみよう」の入り口となり、その後の学びと自信につながっていくことを願っています。

2021年4月　　監修　伊庭葉子

先生方、保護者の方々へ

一人ひとりに合うすてっぷを選んで、「できる」ところからステップアップ！

- 「すてっぷ」1～6の数字は、小学校の学年と対応しています（例：「すてっぷ１」は、小学校１年生で習う漢字と計算を収録。すてっぷ２～6は、小学校２年生～６年生に習う漢字の中から選んだ各100字と、計算を収録）。
- 学年にとらわれず、お子さんの得意・不得意に合わせて、ちょうどよい「すてっぷ」を選べるので、通級指導教室や特別支援学級・学校での個別指導に活用できるほか、家庭学習用教材としても役立ちます。
- 「練習プリント」を活用することで、さらに個々に合わせた学びが広がります。学校やご家庭でもお子さんと一緒にたくさん問題を作ってみてください。

自分のペースで学べる、一人ひとりに合ったステップ形式

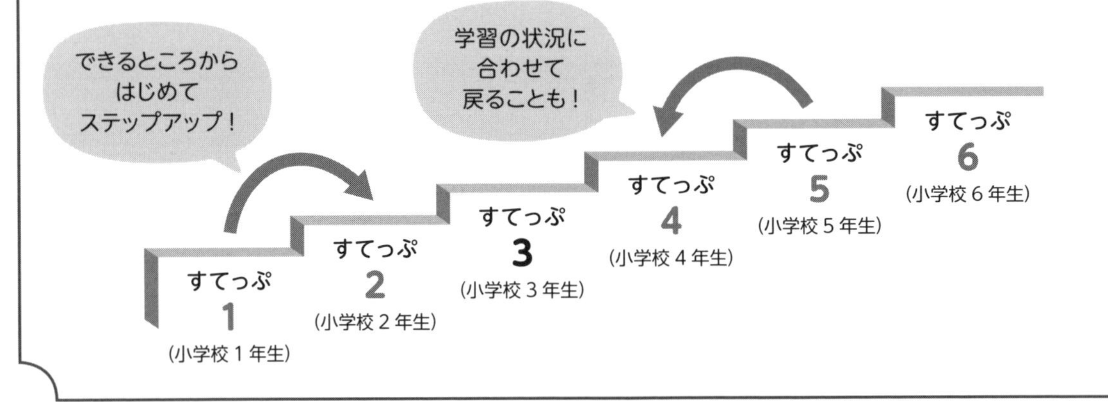

このドリルの特長

① 学びやすいサポートが入っているので、「できた！」が実感できる！

- 難易度に応じて、**きめ細やかな解き方のポイントや解答のヒント**が入っており、お子さんの学びをサポートします。
- 「読めるかな」「読んで　書こう」「スペシャル問題」などの課題を進めるごとに、**「できた！」が実感でき、自信につながり**ます。

② 繰り返し練習することで、漢字や計算の基礎が身につく！

- 付属の CD-ROM から PDF データをプリントして、何度も使えます。
- 「練習プリント」を使って、**オリジナル問題を作りながら、何度も練習**できます。
- 繰り返し学習を積み重ねることで、**少しずつ基礎的な力がついて**いきます。

③ **学習につまずきのある子、学習習慣がついていない子も自分のペースで学べる！**

- 漢字、計算ともに**無理なく1日1ページずつ進められるよう、負担のない問題数にし、文字の大きさを工夫**しています。
- 問題文が読みやすいように、**文章に区切り（分かち書き）**を入れています。

④ **子どもたちの生活の中で考える、イラストを使った身近で楽しい問題！**

- 問題を具体的にわかりやすくとらえられるように、**親しみのある、楽しいイラストが**入っています。
- 漢字には文を作る問題、計算には生活につながる問題が入っており、**漢字や計算を生活の中で考えたり使ったりできるように**なります。

すてっぷ３の学習の順序

❶ 「漢字」「計算」のはじめのページでは、これから学ぶことを確認します（今できていることをチェックしてみましょう）。

❷ 「漢字1～31」、「計算1～32」に取り組みましょう。漢字・計算ともに1日1ページを目安としています。漢字については解答が明示されていない問題に限り、計算については解答のあるすべての問題について、「答え」（漢字は44ページ、計算は84ページ～）が掲載されています。

※「漢字1～31」では、小学校３年生で習う漢字から選んだ100字を扱っています。漢字を身近に感じながら覚えられるように、訓読み（ひらがな表記）→音読み（カタカナ表記）の順で、主な読み方のみを掲載しています。小学校３年生で習うすべての漢字とその読み方については「すてっぷ3の漢字」（37～38ページ）を参照してください。

❸ 終わったら「練習プリント」（漢字は39ページ～、計算は78ページ～）を使用して、自分に合う問題を作って練習しましょう（最初は先生や保護者の方が、問題をたくさん作ってあげてください。「漢字1～31」で取り上げていない漢字については、「すてっぷ3の漢字」を参考に「練習プリント」で取り組んでください）。

❹ 自信がついてきたら、「チャレンジテスト」（漢字は42ページ～、計算は82ページ～）に挑戦してみましょう！　終わったら、できなかった部分や、もう一度取り組みたい部分のページに戻って復習しましょう。

❺ 「チャレンジテスト」が「できた！」と実感できたら、次のステップ（すてっぷ4）へ進みましょう。

目次

付録 CD-ROM について

本書の付録 CD-ROM には、「漢字1～31」、「計算1～32」、「練習プリント」、「チャレンジテスト」が収録されています。PDF 形式のデータとなっておりますので Adobe Acrobat Reader（無償）がインストールされているパソコンで開いてお使いください。

※CD-ROM に収録されたデータは、購入された個人または法人が私的な目的でのみ使用できます。第三者への販売・頒布はできません。

※本製品を CD-ROM 対応以外の機器では再生しないようにしてください。再生の方法については各パソコン、再生ソフトのメーカーにお問い合わせください。CD-ROM を使用したことにより生じた損害、障害、その他いかなる事態にも弊社は責任を負いません。

イラスト：池野なか、石山綾子

すてっぷ3 漢字

●すてっぷ３の　漢字を
楽しく　練習しながら　おぼえましょう！

すてっぷ3の　力を　チェック!

- □ すてっぷ2までの　漢字（小2で　習う　漢字）を読む　ことが　できる。
- □ すてっぷ2までの　漢字（小2で　習う　漢字）を書く　ことが　できる。
- □ すてっぷ3の　漢字（小3で　習う　漢字）をいくつか　読む　ことが　できる。
- □ すてっぷ3の　漢字（小3で　習う　漢字）をいくつか　書く　ことが　できる。
- □ すてっぷ2までの　漢字を　使って　文を　作ることが　できる。
- □ 知っている　漢字を　使って　日記や　作文が書ける。
- □ 漢字を　ていねいに　書ける。

（　　）月（　　）日（　　）曜日

代　使　住　係

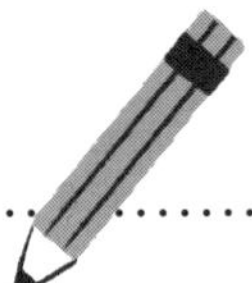

か（える）　ダイ

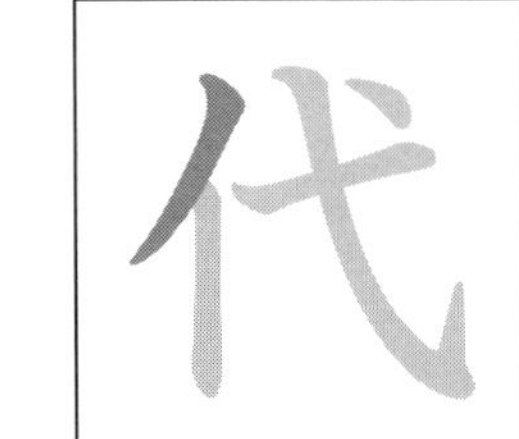

つか（う）　シ

◉にんべん とは？
（人が 横を 向いた 形が 元に なって います。）

代金（だいきん）
使用（しよう）
係（かかり）

す（む）　ジュウ

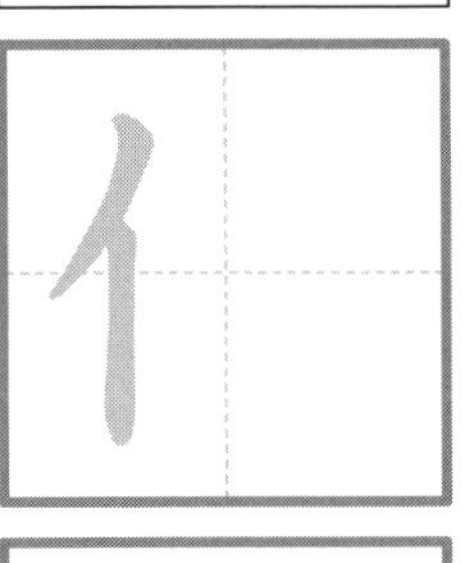

かかり　ケイ

◉あなたの 住所（じゅうしょ） を 書こう。

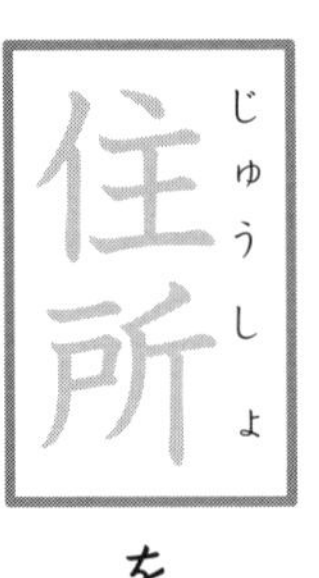

ゆうびん番号は？

練習プリント①②③（39～41ページ）を 使って たくさん 練習しよう。

すてっぷ
3
漢字 2

（　　　）月（　　　）日（　　　）曜日

指 投 打 持

ゆび さ（す） シ

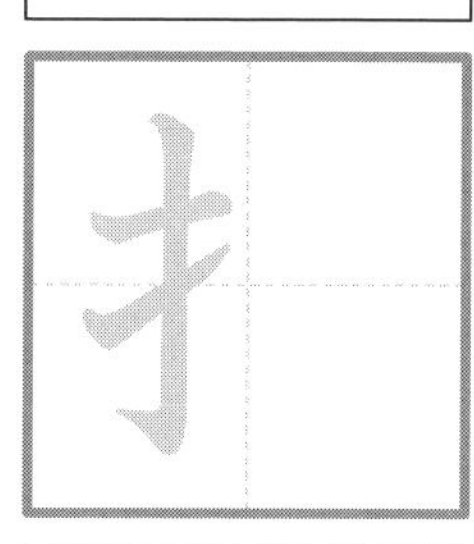

な（げる） トウ

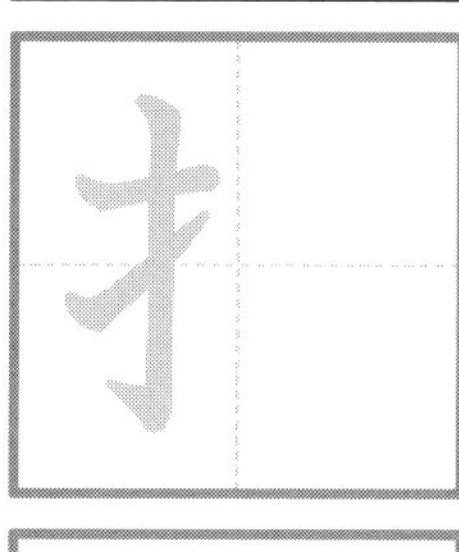

◉てへん とは？
（手の 形が 元に なって います。）

扌

指
投げる
打つ
持つ

みんな 手に かん係して いるね。

う（つ） ダ

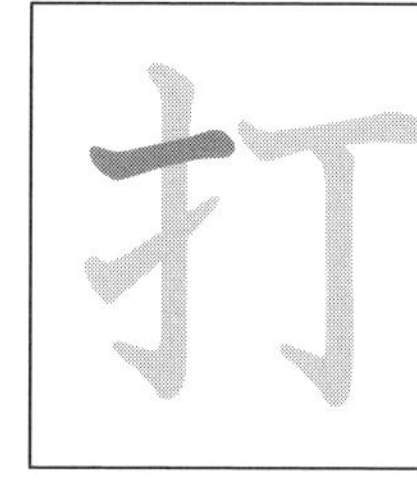

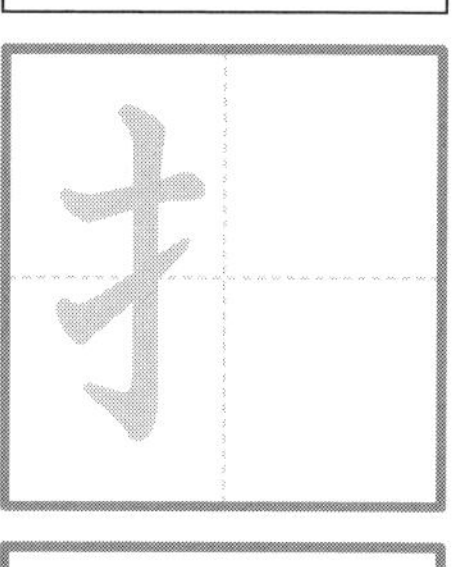

も（つ） ジ

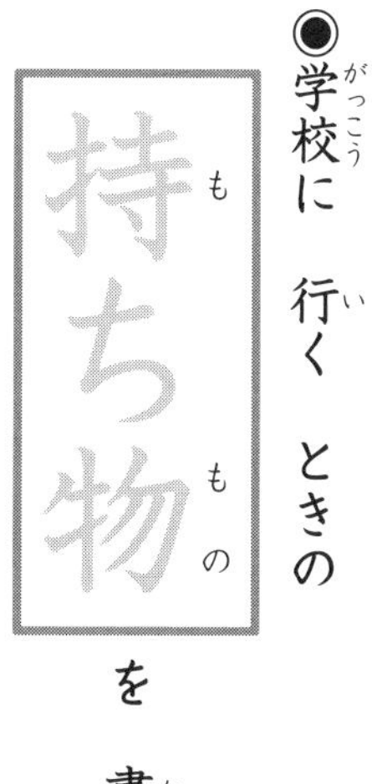

◉学校に 行く ときの

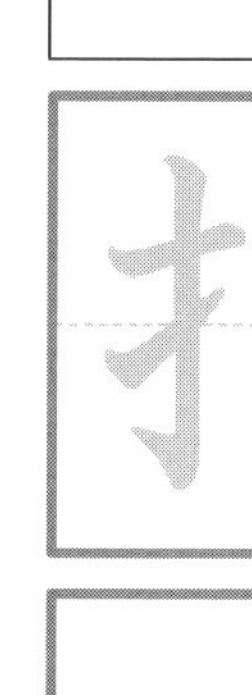

を 書こう。

練習プリント①②③（39～41ページ）を 使って たくさん 練習しよう。

すてっぷ 3
漢字 3

(　　　)月(　　　)日(　　　　)曜日

漢 注 湯 温

カン

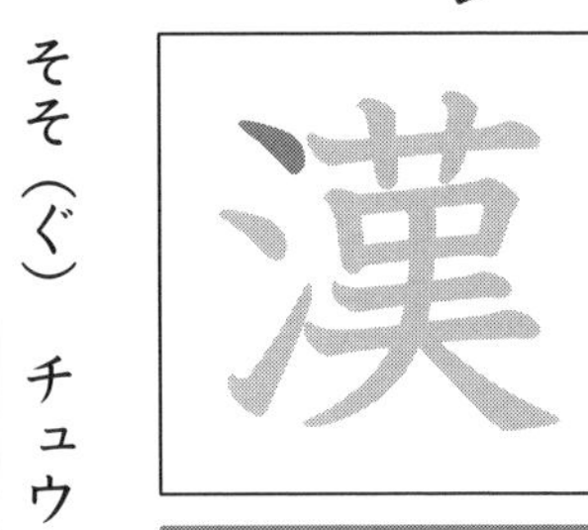

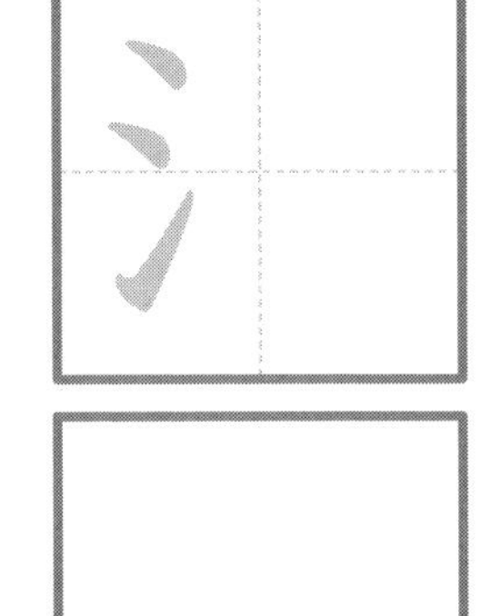

そそ(ぐ) チュウ

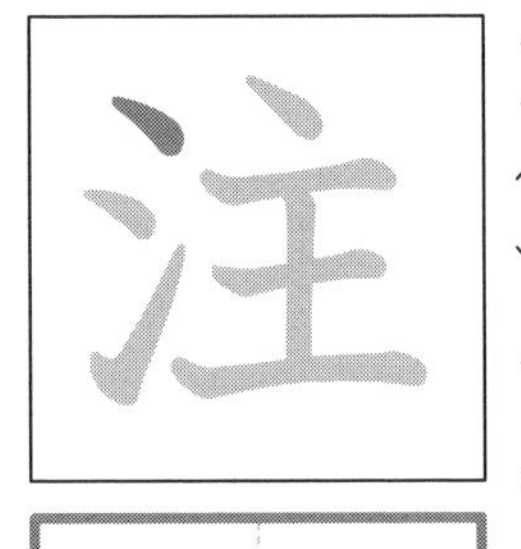

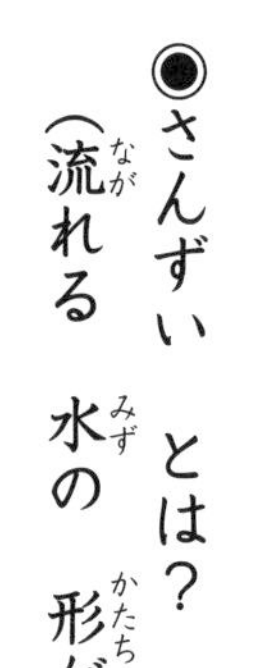

◉さんずい とは?
(流れる 水の 形が 元に なって います。)

漢字
注しゃ
温度

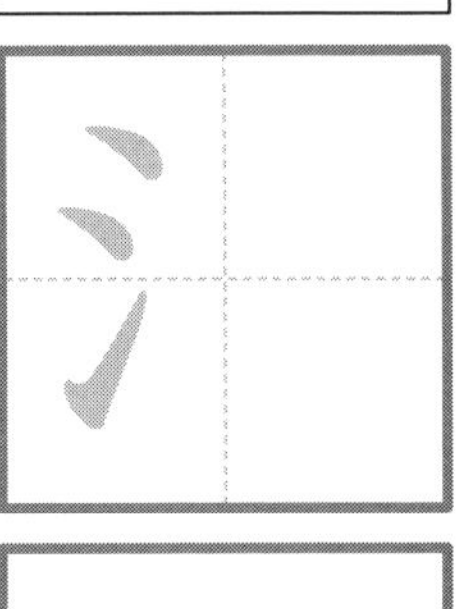

ゆ トウ

あたた(かい) オン

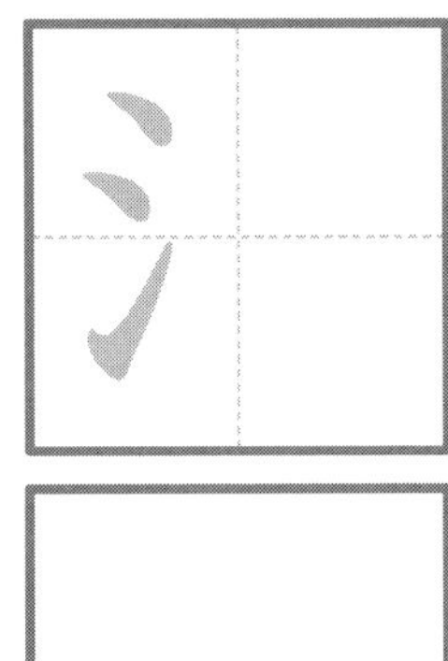

◉読んで 書こう。

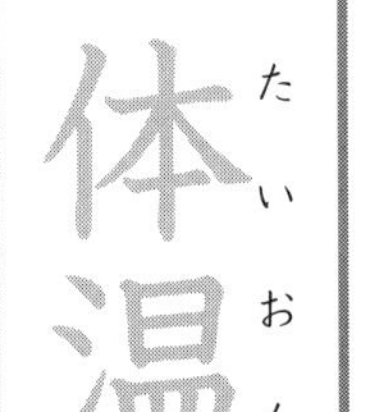

体温

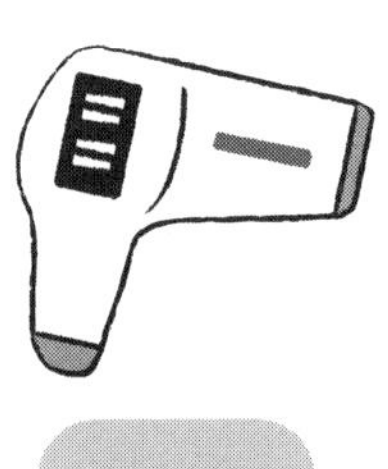

あなたの 体温は?

度

練習プリント①②③(39〜41ページ)を 使って たくさん 練習しよう。

すてっぷ 3
漢字 4

(　　　)月(　　　)日(　　　)曜日

泳 流 深

泳 およ(ぐ) エイ

流 なが(れる) リュウ

深 ふか(い) シン

◉さんずいの 漢字を 使う 言葉を 読もう。

水泳(すいえい)

流れ星(ながれぼし)

深海魚(しんかいぎょ)

◉さんずいの 漢字を 書いて 文を 作って みよう。

海(うみ)　波(なみ)

池(いけ)　油(あぶら)

湖(みずうみ)　港(みなと)

他にも さがしてね。

練習プリント①②③（39～41ページ）を 使って たくさん 練習しよう。

すてっぷ 3 漢字 5

（　　）月（　　）日（　　）曜日

板 柱 植 根

板　いた　ハン　バン

柱　はしら　チュウ

植　う（える）　ショク

根　ね　コン

◉きへん とは？
（木の 形が 元に なって います。）

木

黒板（こくばん）

電柱（でんちゅう）

植物（しょくぶつ）

◉知って いる 植物（しょくぶつ） の 名前を 書こう。

木や 草の ように
根を はって
生きて いる もの。

練習プリント①②③（39～41ページ）を 使って たくさん 練習しよう。

すてっぷ 3
漢字 6

( )月( )日( )曜日

感 想 悲

カン

ソウ

◉こころ とは?
(心ぞうの 形が 元に なって います。)

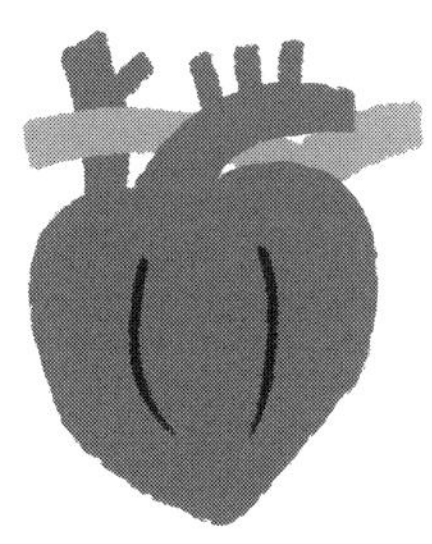
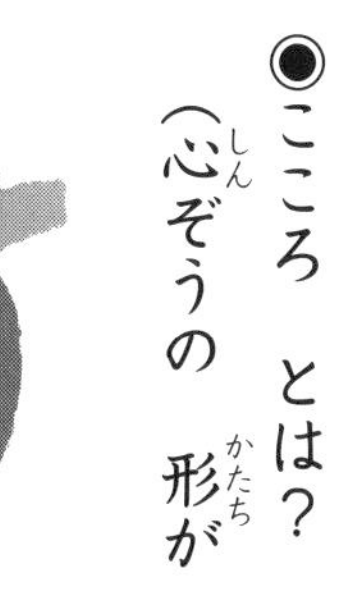

感想(かんそう)
想ぞう(そう)
悲しみ(かな)

かな(しい) ヒ

◉心の 中の 気持ちを 表す 言葉を 書こう。

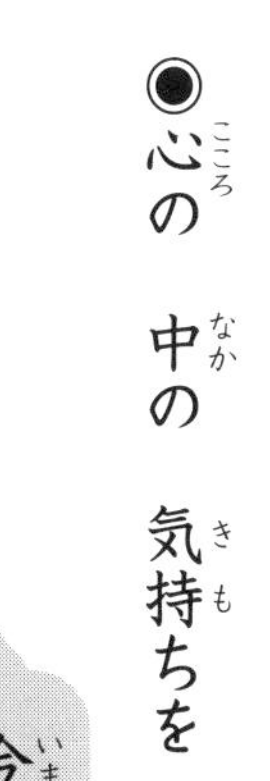

(れい)
うれしい
悲しい
楽しい

イライラ
びっくり…

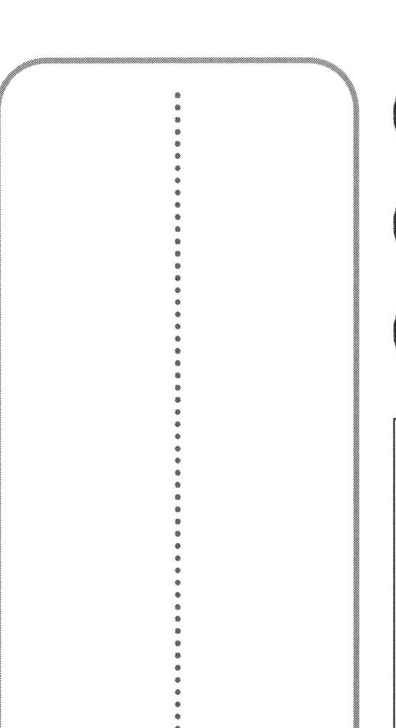

練習プリント①②③(39〜41ページ)を 使って たくさん 練習しよう。

すてっぷ
3
漢字 7

（　　　）月（　　　）日（　　　　）曜日

調 談 詩

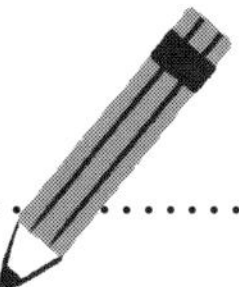

しら（べる）　チョウ

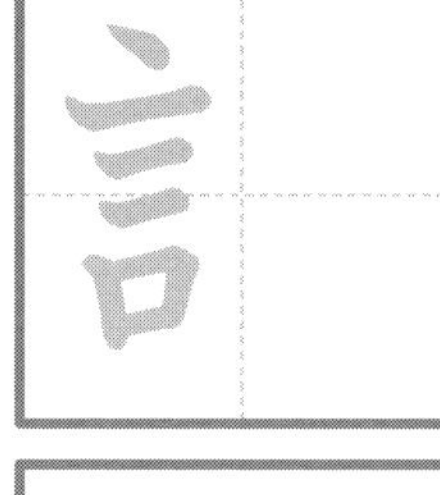

ダン

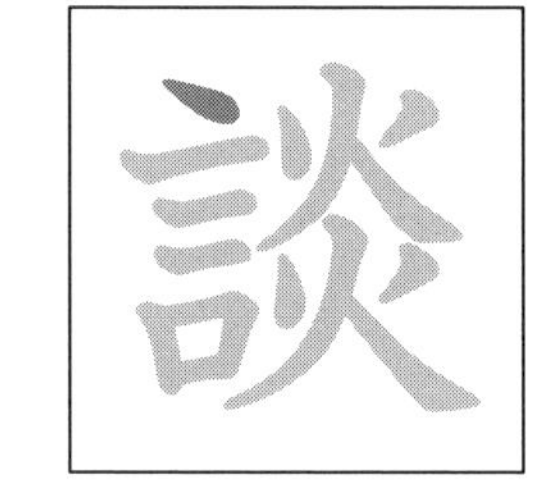

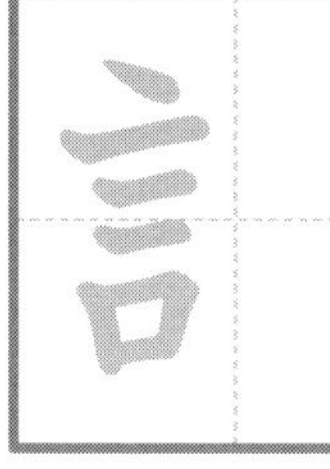

◉ごんべん　とは？
（言葉に　かかわって　います。）

調べ物

相談

詩人

シ

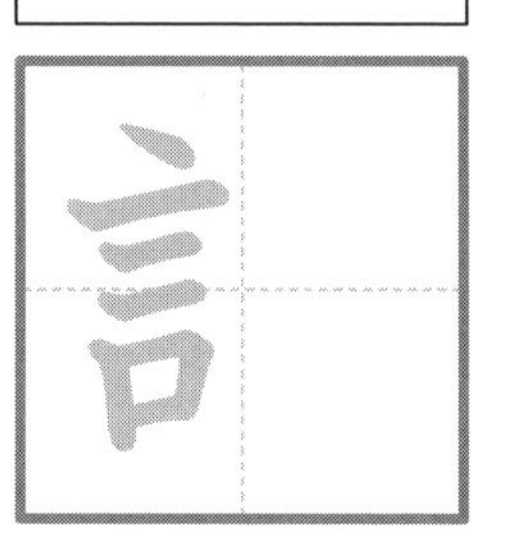

◉今日の　出来事や　今の　気持ちを
自由に　詩に　して　書こう。

練習プリント①②③（39～41ページ）を　使って　たくさん　練習しよう。

（　　）月（　　）日（　　）曜日

歯　医　者

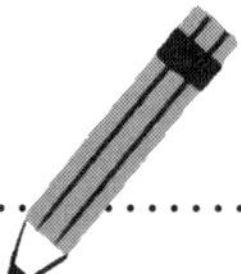

歯　は　シ

医　イ

者　もの　シャ

◉読めるかな？

虫歯（むしば）

医学（いがく）

役者（やくしゃ）

◉読んで　書こう。

歯医者（はいしゃ）

あなたは
歯医者（はいしゃ）さんに
行った（いった）　ことが
ある？

はい　・　いいえ

今（いま）　虫歯（むしば）が　ある？

はい　・　いいえ

◉「歯」「医」「者」から　えらんで
文（ぶん）を　作（つく）って　書（か）こう。

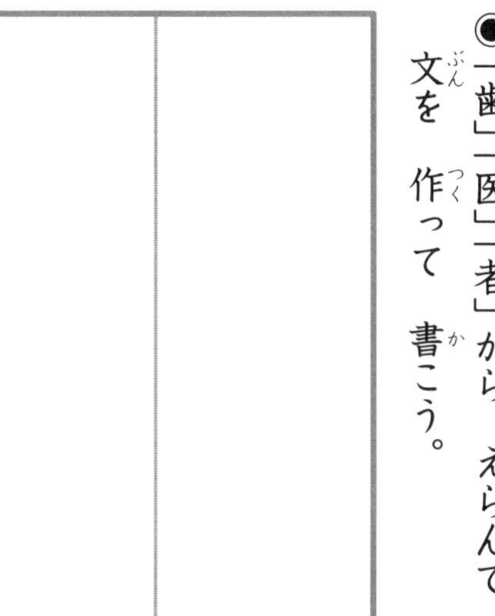

練習プリント①②③（39～41ページ）を　使（つか）って　たくさん　練習（れんしゅう）しよう。

すてっぷ 3 漢字 9

(　　)月(　　)日(　　)曜日

研 究 追

研 ケン

究 キュウ

追 ツイ お(う)

◉読めるかな？

研究室(けんきゅうしつ)

追(お)いかけっこ

◉読んで 書こう。

研究(けんきゅう)

追(お)う

◉何(なに)が、何(なに)を 追(お)いかけて いる？

が、　を

練習プリント①②③（39〜41ページ）を 使(つか)って たくさん 練習(れんしゅう)しよう。

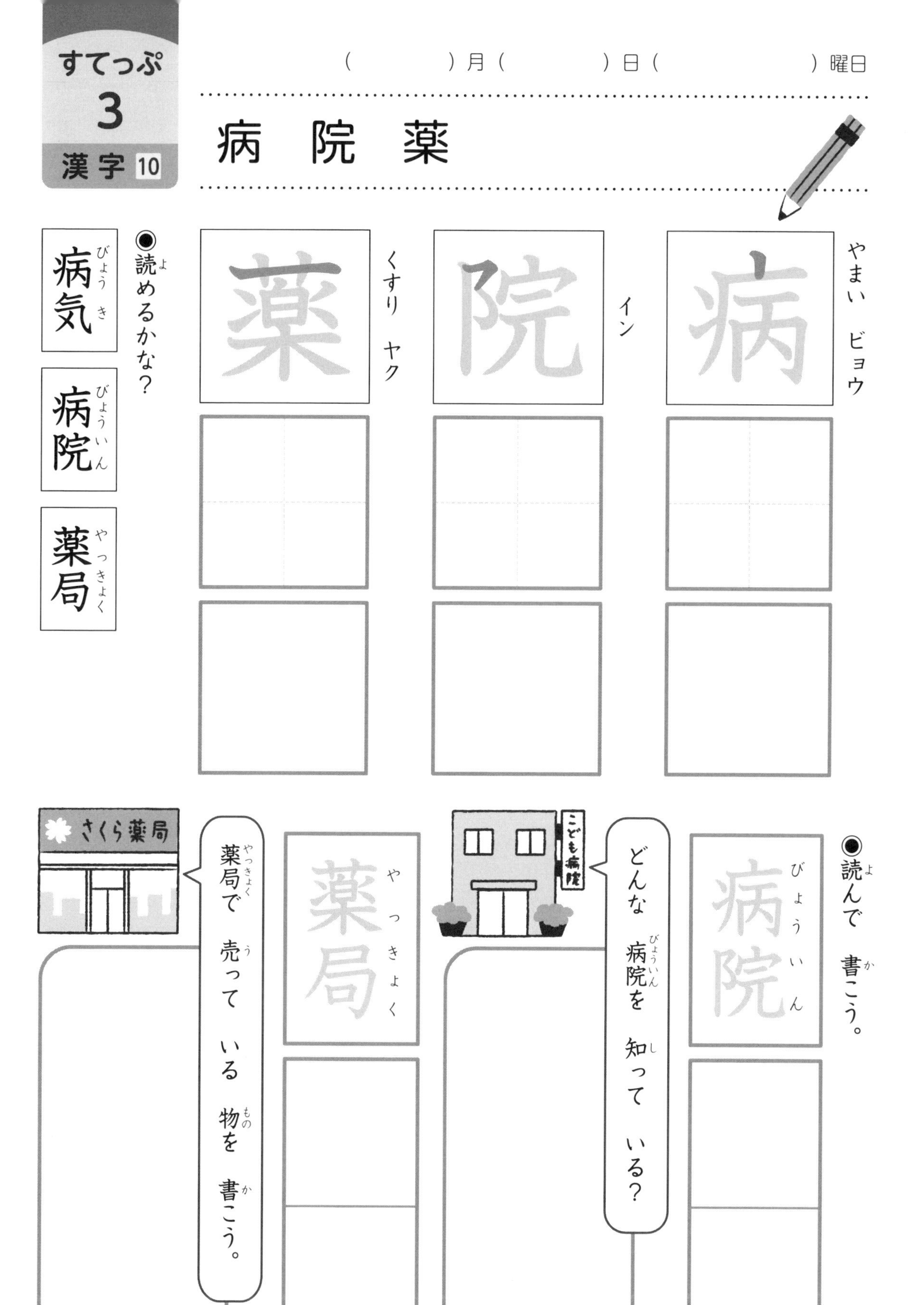

練習プリント①②③（39〜41ページ）を　使って　たくさん　練習しよう。

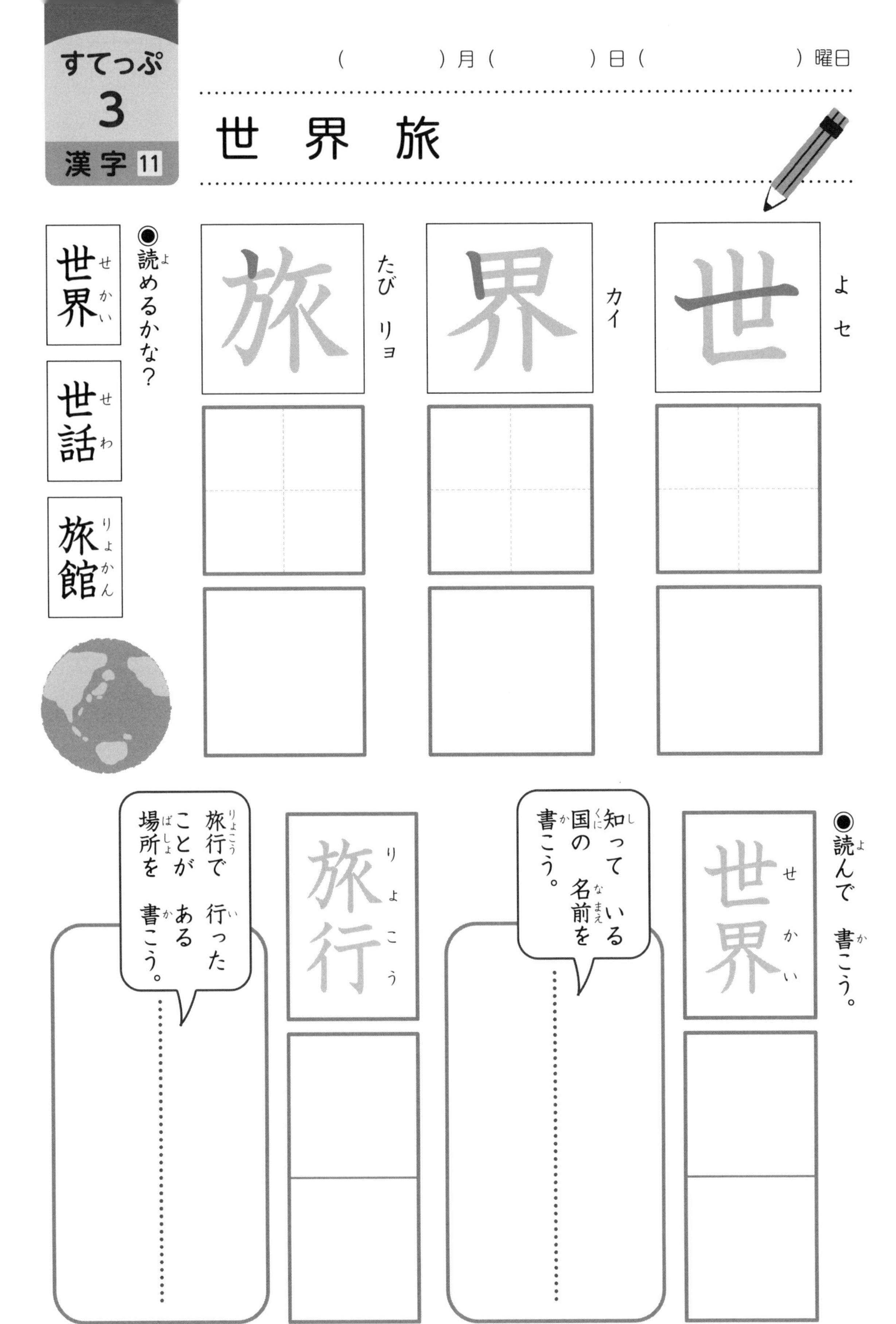

 練習プリント①②③（39～41ページ）を 使って たくさん 練習しよう。

すてっぷ 3 漢字 12

（　　）月（　　）日（　　）曜日

始 終 式

はじ（める） シ

お（わる） シュウ

シキ

◉読（よ）めるかな？

始業式（しぎょうしき）

終業式（しゅうぎょうしき）

◉読（よ）んで 書（か）こう。

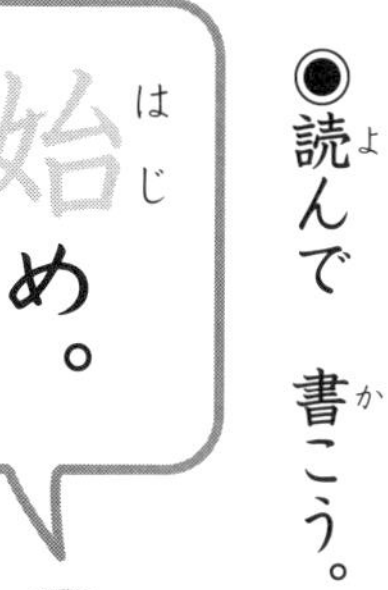

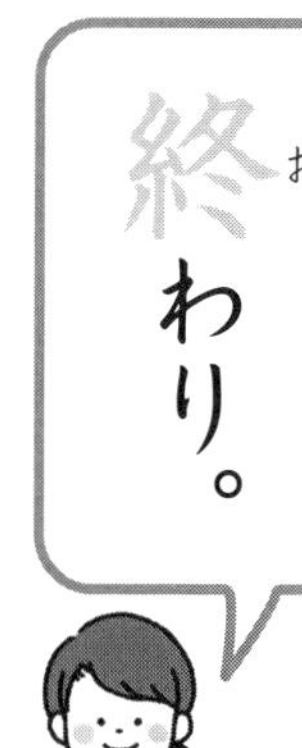

め。

わり。

◉どんな 「式（しき）」を 知（し）って いる？ えらんで 書（か）こう。

式（しき）　式（しき）

入学式（にゅうがくしき）
そつ業式（ぎょうしき）
開会式（かいかいしき）
けっこん式（しき）

練習プリント①②③（39～41ページ）を 使（つか）って たくさん 練習（れんしゅう）しよう。

（　　　）月（　　　）日（　　　）曜日

第　号　期

ダイ

ゴウ

キ

◉読めるかな？

第一号（だいいちごう）

新学期（しんがっき）

◉どちらの　時期かな？　線で　むすぼう。

前期（ぜんき）	後期（こうき）
十月から三月	四月から九月

◉「第」「号」「期」から　えらんで　文を　作って　書こう。

　練習プリント①②③（39～41ページ）を　使って　たくさん　練習しよう。

すてっぷ 3
漢字 14

（　　）月（　　）日（　　）曜日

写 真 集

写　うつ（す）　シャ

真　ま　シン

集　あつ（まる）　シュウ

◉読（よ）めるかな？

写真集（しゃしんしゅう）

真ん中（まんなか）

◉読（よ）んで　書（か）こう。

集合（しゅうごう）

写真（しゃしん）

◉あなたが　集（あつ）めて　いる　物（もの）を　書（か）こう。

練習プリント①②③（39～41ページ）を　使（つか）って　たくさん　練習（れんしゅう）しよう。

すてっぷ 3
漢字 15

（　　）月（　　）日（　　）曜日

勝 負 対

勝 か（つ） ショウ
負 ま（ける） フ
対 タイ

◉読めるかな？

勝負（しょうぶ）
対決（たいけつ）

◉読んで 書こう。

勝（か）ち
負（ま）け

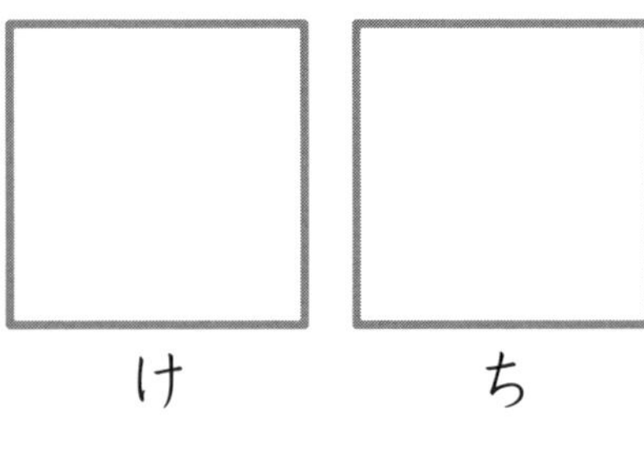

け
ち

◉勝負に「勝った」思い出、「負けた」思い出、どちらかに ついて 書いて みよう。

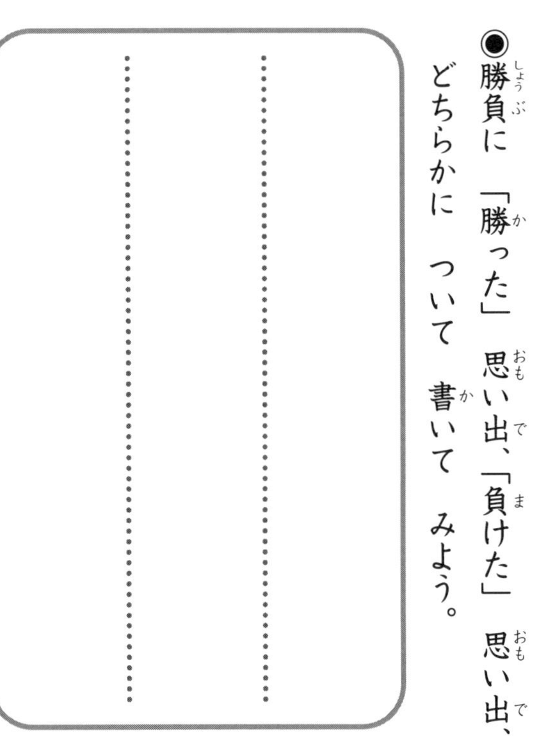

練習プリント①②③（39～41ページ）を 使って たくさん 練習しよう。

すてっぷ 3
漢字 16

（　　　）月（　　　）日（　　　）曜日

委　員　育

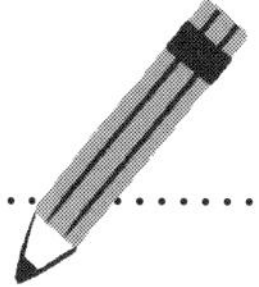

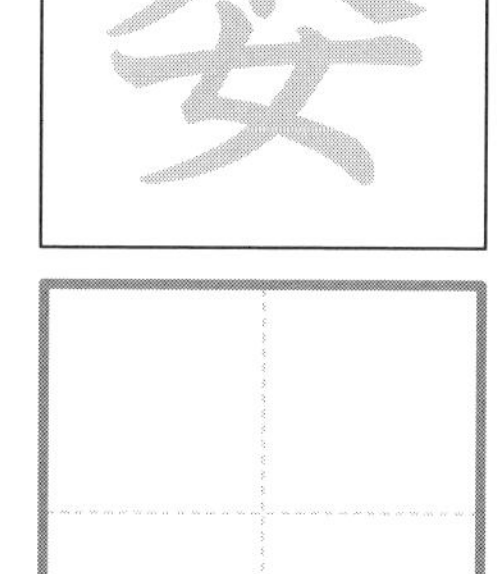

委　ゆだ（ねる）　イ

員　イン

育　そだ（つ）　イク

◉読(よ)めるかな？

- 委員会(いいんかい)
- 全員(ぜんいん)
- 体育(たいいく)

◉読(よ)んで　書(か)こう。

委員(いいん)

あなたの　学校(がっこう)や　クラスには　どんな　「委員(いいん)」が　いる？

（れい）　体育委員(たいいくいいん)

◉どんな　生(い)き物(もの)や　植物(しょくぶつ)を　育(そだ)てた　ことが　ある？

（れい）　カメ　朝顔(あさがお)

練習プリント①②③（39～41ページ）を　使(つか)って　たくさん　練習(れんしゅう)しよう。

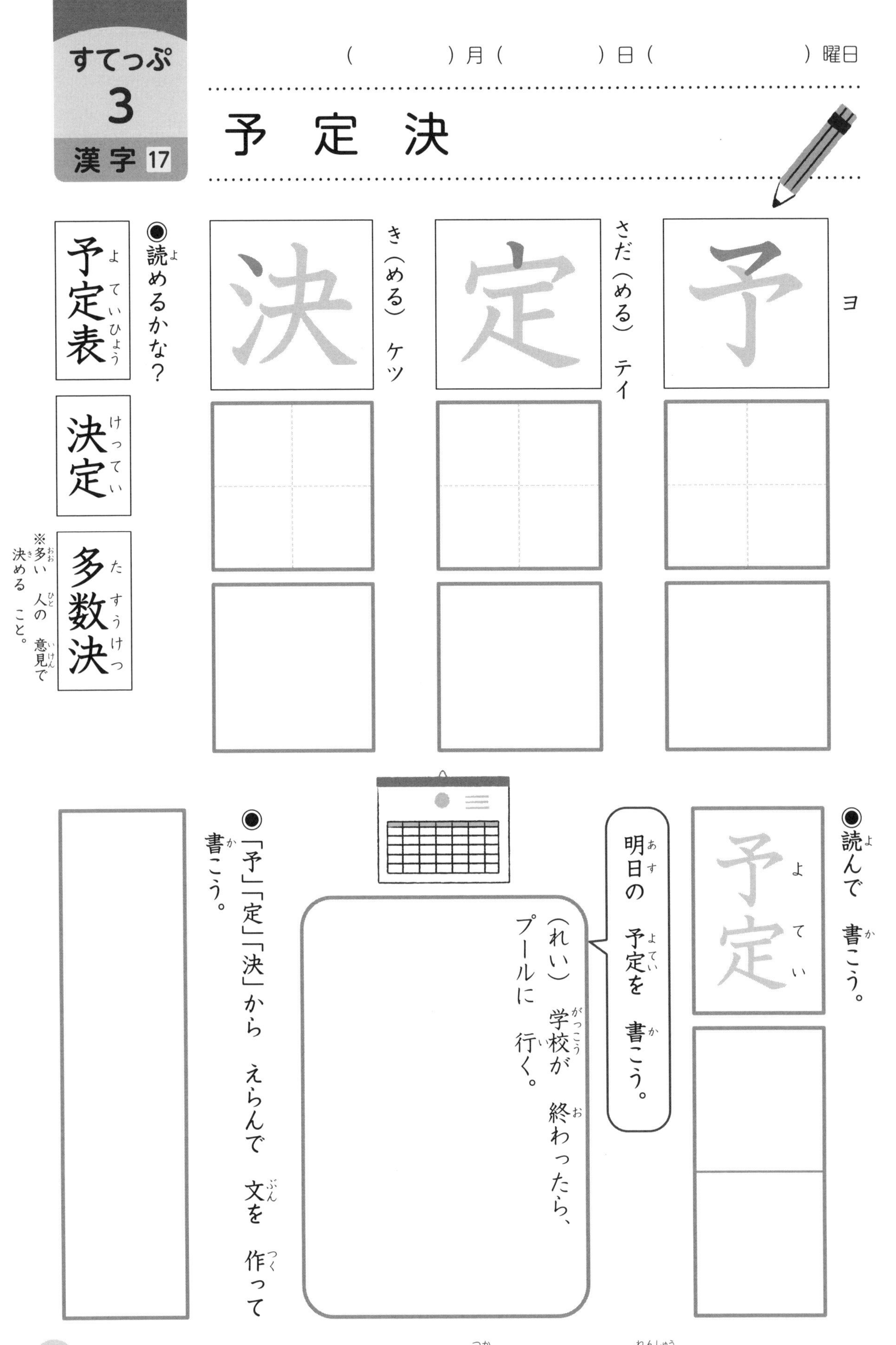

すてっぷ 3
漢字 17

（　　）月（　　）日（　　）曜日

予 定 決

予　ヨ
定　さだ（める）　テイ
決　き（める）　ケツ

◉読めるかな？

予定表（よていひょう）

決定（けってい）

多数決（たすうけつ）

※多い人の意見で決めること。

◉読んで書こう。

予定（よてい）

明日の予定を書こう。

（れい）学校が終わったら、プールに行く。

◉「予」「定」「決」からえらんで文を作って書こう。

練習プリント①②③（39～41ページ）を使ってたくさん練習しよう。

すてっぷ 3
漢字 18

（　　）月（　　）日（　　）曜日

幸 福 命

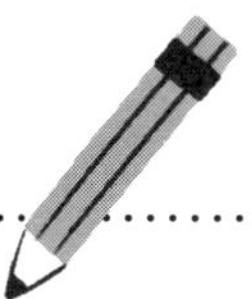

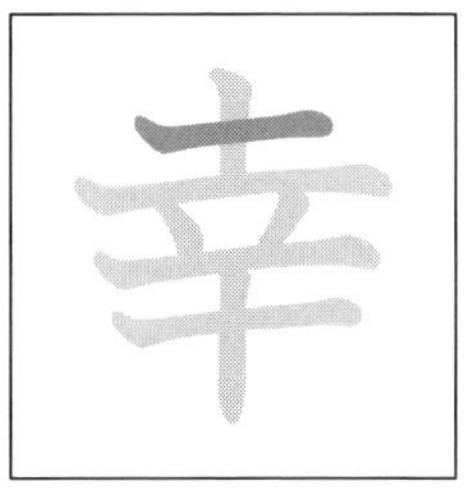

しあわ（せ）　さいわ（い）　コウ

フク

いのち　メイ

◉読めるかな？

幸せ（しあわせ）

大福（だいふく）

命れい（めいれい）

◉読んで 書こう。

人命（じんめい）

※人の 命の こと。

幸福（こうふく）

幸せ（しあわせ）

◉あなたが 「幸せ」を 感じるのは どんな 時？

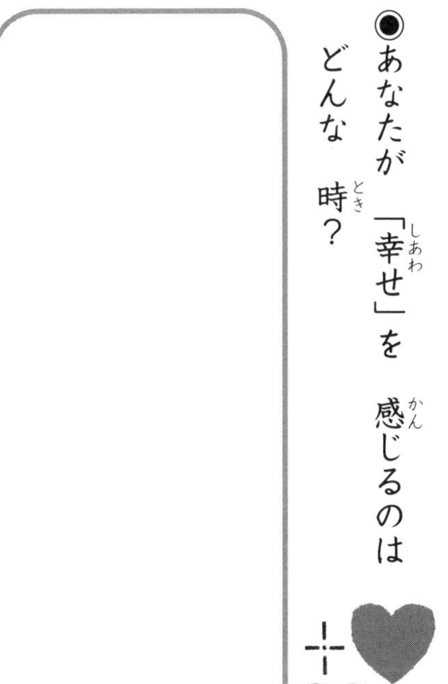

練習プリント①②③（39～41ページ）を 使って たくさん 練習しよう。

すてっぷ 3

漢字 19

（　　）月（　　）日（　　）曜日

平 和 守

平（たい(ら)　ひら　ヘイ）

和（ワ）

守（まも(る)　シュ）

◉読めるかな？

平泳ぎ（ひらおよぎ）

見守る（みまもる）

和室（わしつ）

◉読んで　書こう。

平和（へいわ）

和食（わしょく）

※味そしる、さし身などの　日本食の　こと。

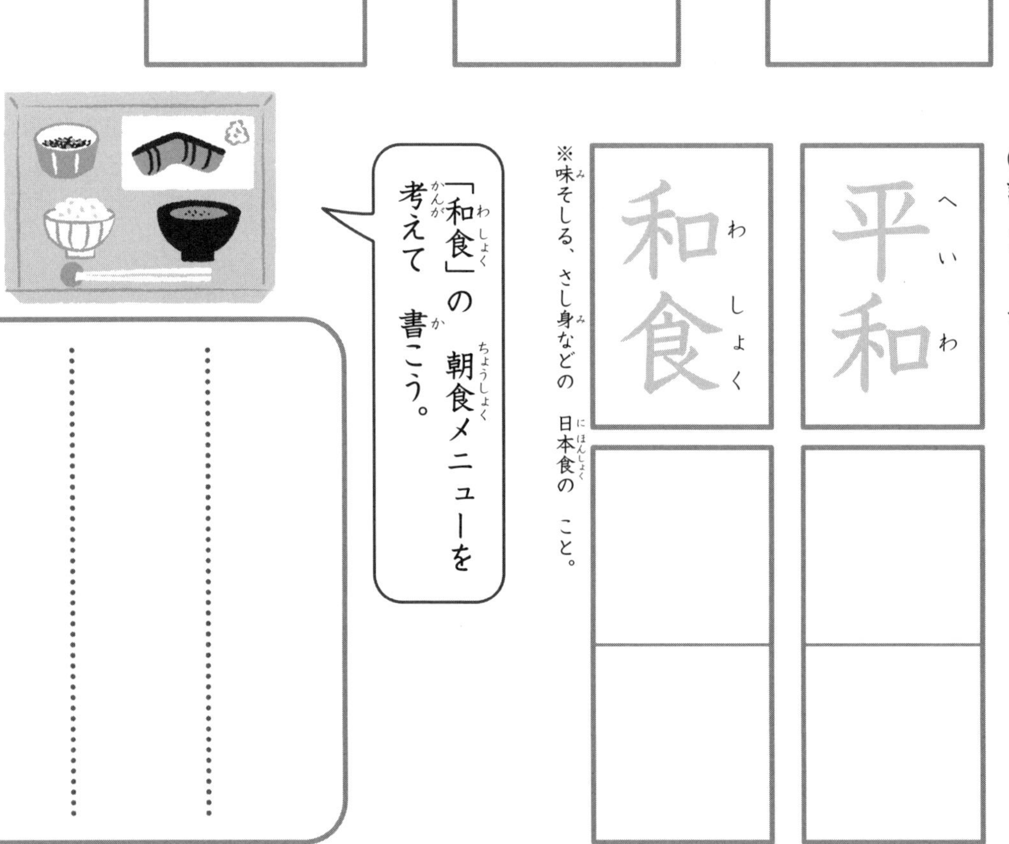

練習プリント①②③（39～41ページ）を　使って　たくさん　練習しよう。

すてっぷ 3 漢字 20

(　　)月(　　)日(　　)曜日

勉 発 登

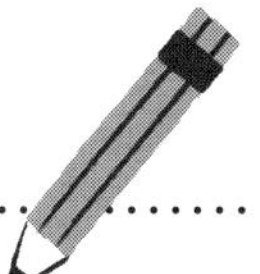

勉 ベン

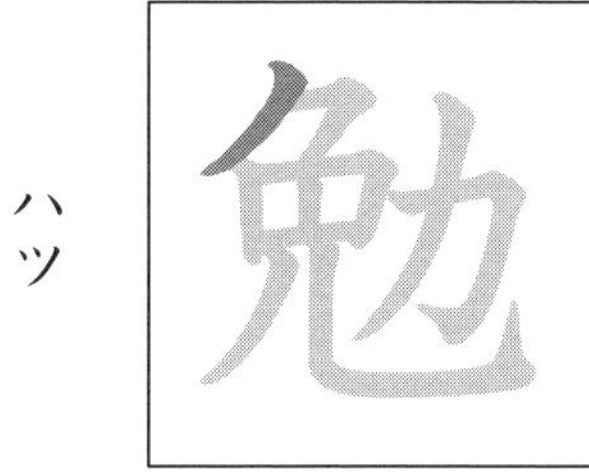

発 ハツ

登 のぼ(る) トウ ト

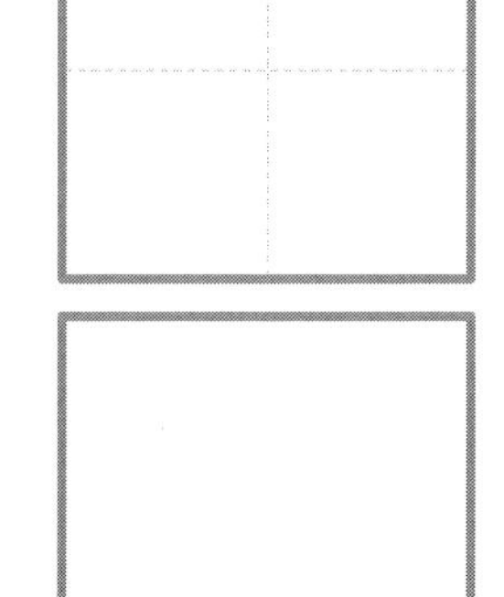

◉読めるかな？

- 勉強（べんきょう）
- 出発（しゅっぱつ）
- 登校（とうこう）

◉読んで 書こう。

発表（はっぴょう）

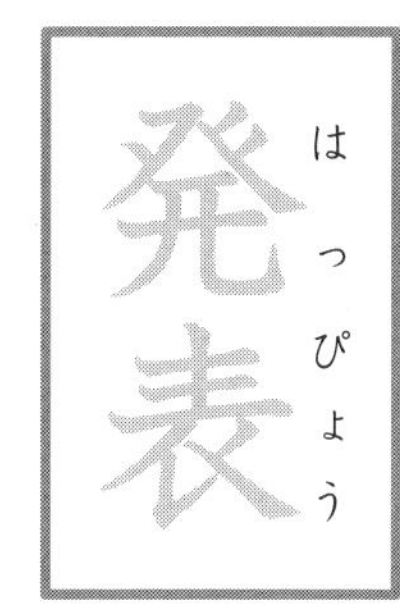

◉どんな 意味かな？

登山（とざん）

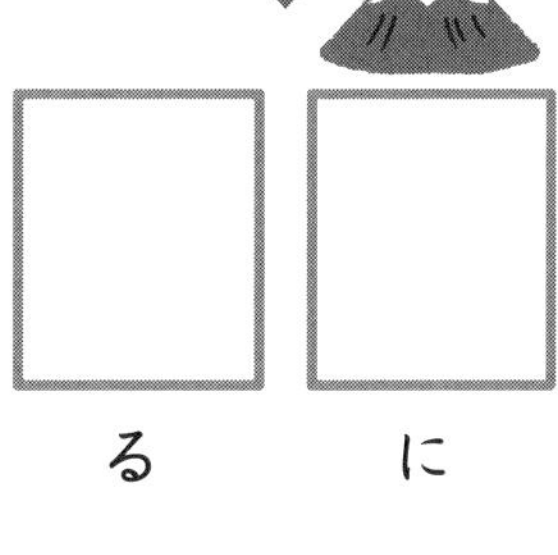

□□に □□る こと。

◉「発」「登」から どちらかを えらんで 文を 作って 書こう。

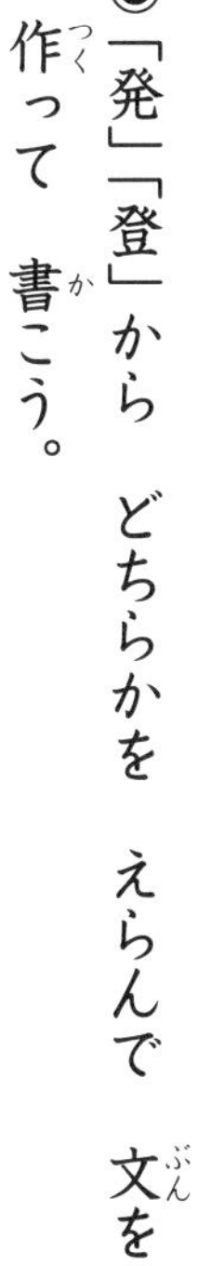

練習プリント①②③（39〜41ページ）を 使って たくさん 練習しよう。

すてっぷ 3
漢字 21

（　　）月（　　）日（　　）曜日

速度秒

速　はや(い)　ソク

度　ド

秒　ビョウ

◉読めるかな？

速度（そくど）

十秒間（じゅうびょうかん）

◉読んで書こう。

速（はや）い　□い

◉一分間（いっぷんかん）は何秒（なんびょう）ですか？

□秒（びょう）です。

◉「速」「度」「秒」からえらんで文（ぶん）を作（つく）って書（か）こう。

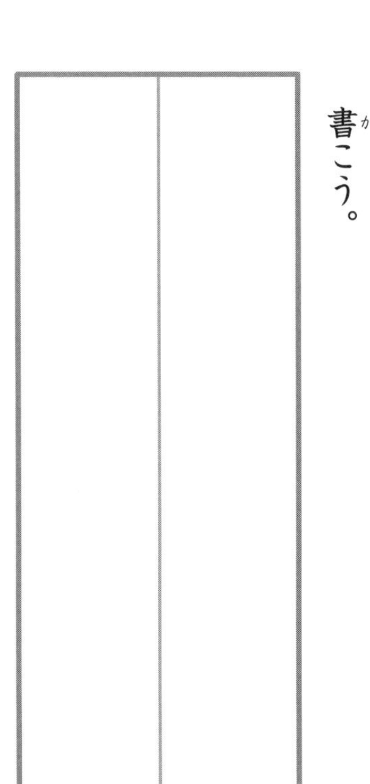

練習プリント①②③（39～41ページ）を使（つか）ってたくさん練習（れんしゅう）しよう。

すてっぷ 3
漢字 22

（　　）月（　　）日（　　）曜日

仕 事 具

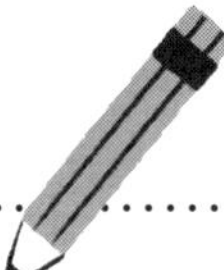

仕　つか（える）　シ

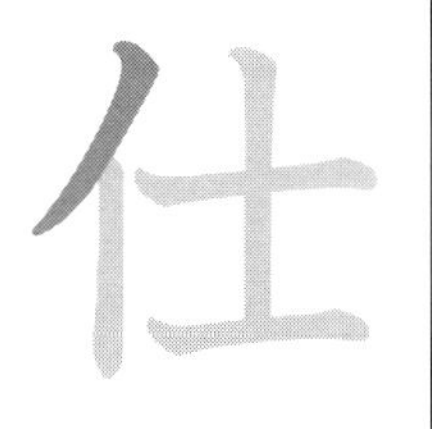

事　こと　ジ

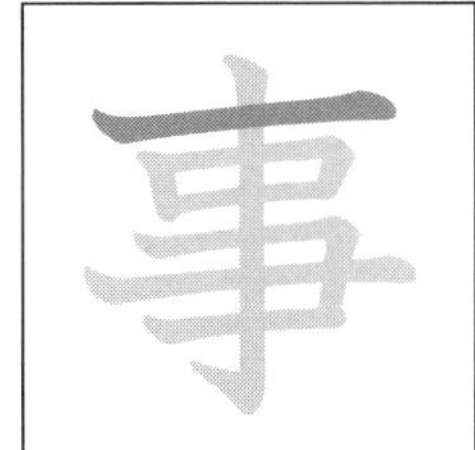

具　グ

◉読めるかな？

記事（きじ）
道具（どうぐ）
絵の具（えのぐ）

◉読んで 書こう。

仕事（しごと）

どんな 仕事を して みたい？

◉「仕」「事」「具」から えらんで 文を 作って 書こう。

練習プリント①②③（39〜41ページ）を 使って たくさん 練習しよう。

すてっぷ 3

漢字 23

（　　）月（　　）日（　　）曜日

全 部 飲

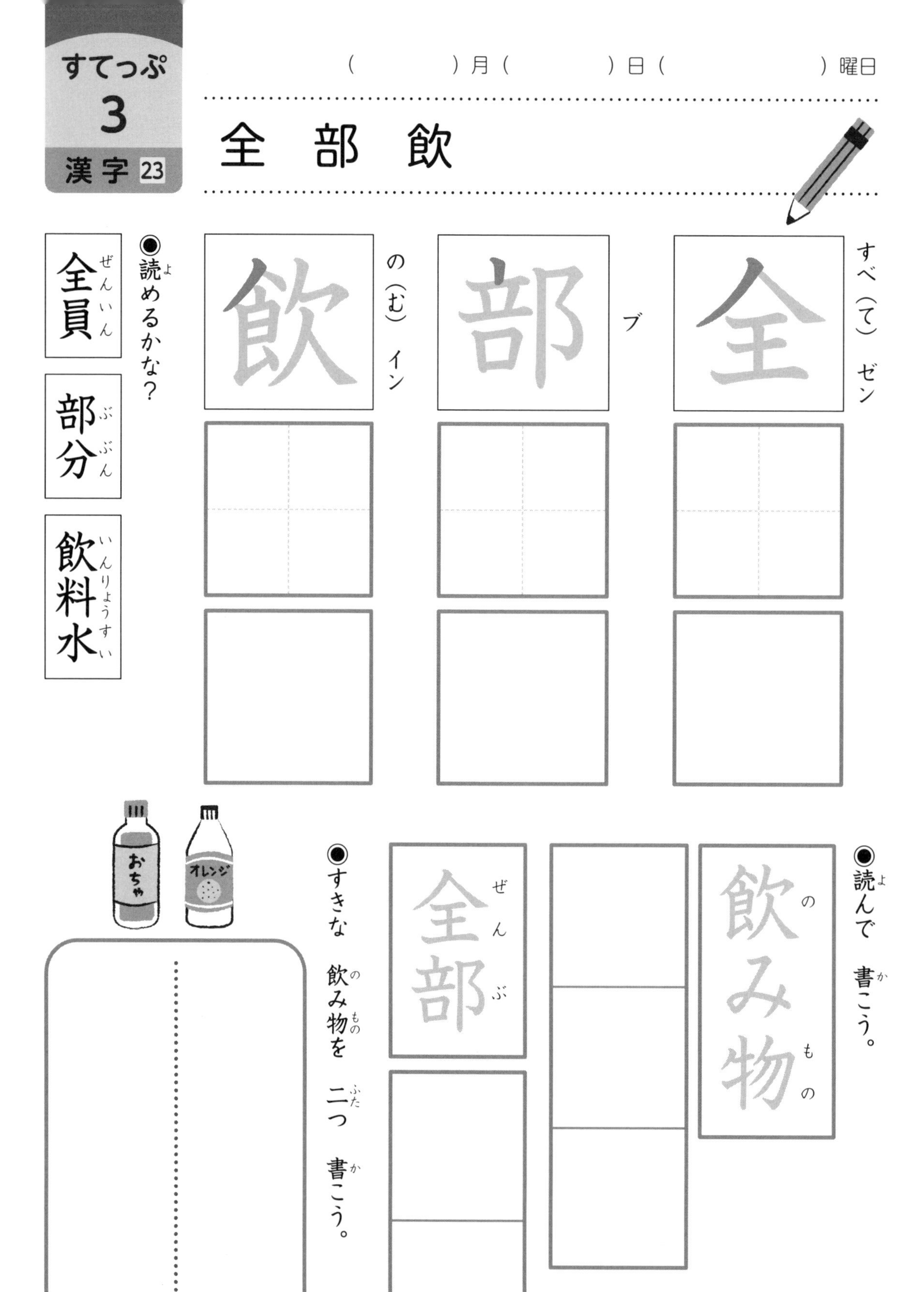

練習プリント①②③（39～41ページ）を　使って　たくさん　練習しよう。

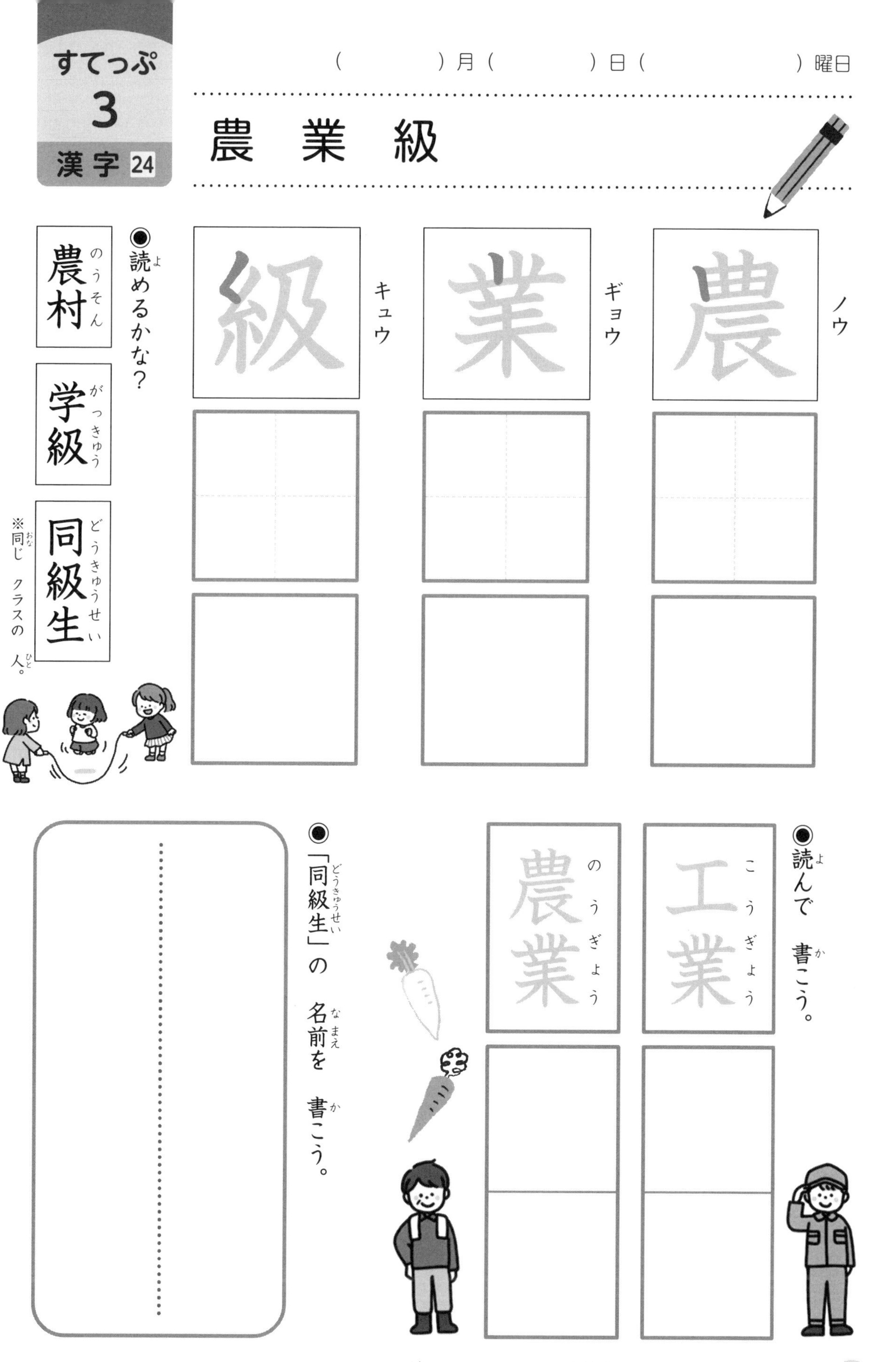

すてっぷ 3
漢字 24

(　　)月(　　)日(　　)曜日

農 業 級

◉ 読めるかな？

農村(のうそん)
学級(がっきゅう)
同級生(どうきゅうせい)
※同じ クラスの 人。

農(ノウ) 業(ギョウ) 級(キュウ)

◉ 読んで 書こう。

工業(こうぎょう)
農業(のうぎょう)

◉「同級生」の 名前を 書こう。

練習プリント①②③（39～41ページ）を 使って たくさん 練習しよう。

（　　）月（　　）日（　　）曜日

県 都 区

県　ケン

都　みやこ　ト

区　ク

◉読めるかな？

県内（けんない）

京都（きょうと）

区役所（くやくしょ）

◉読んで　書こう。

県（けん）

知って　いる　県の　名前を　書こう。

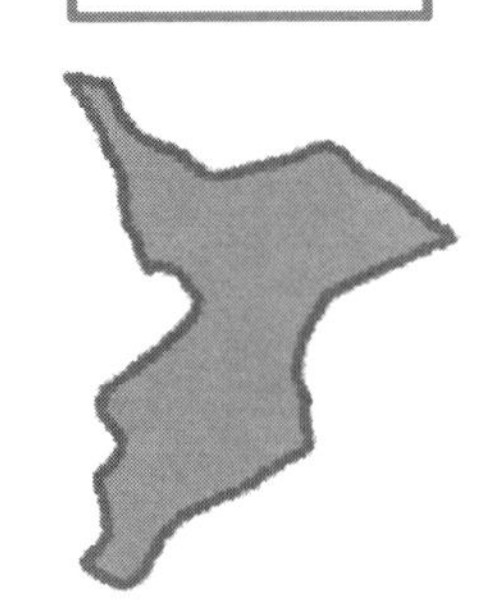

◉あなたが　住んで　いるのは…？

（れい）

東京都千代田区（とうきょうとちよだく）

練習プリント①②③（39～41ページ）を　使って　たくさん　練習しよう。

すてっぷ 3
漢字 26

(　　)月(　　)日(　　)曜日

所 遊 橋

所　ところ　ショ

遊　あそ(ぶ)　ユウ

橋　はし　キョウ

◉読めるかな？

研究所（けんきゅうじょ）

遊園地（ゆうえんち）

歩道橋（ほどうきょう）

◉読んで 書こう。

遊（あそ）ぶ。

ぶ。

いつも どんな ことを して 遊（あそ）んで いる？

◉「所」「遊」「橋」から えらんで 文を 作って 書こう。

すてっぷ
3
漢字 27

（　　）月（　　）日（　　）曜日

進　受　助

すす（む）　シン

う（ける）　ジュ

たす（ける）　ジョ

◉読（よ）めるかな？

行進（こうしん）

受（う）けつけ

助（たす）け合（あ）い

◉読（よ）んで　書（か）こう。

進学（しんがく）

※中学校（ちゅうがっこう）など　上（うえ）の　学校（がっこう）に　進（すす）む　こと。

助（たす）ける

これまでに
「助（たす）けて　あげた　こと」
「助（たす）けて　もらった　こと」
に　ついて　書（か）こう。

練習プリント①②③（39～41ページ）を　使（つか）って　たくさん　練習（れんしゅう）しよう。

（　　）月（　　）日（　　）曜日

問 倍 等

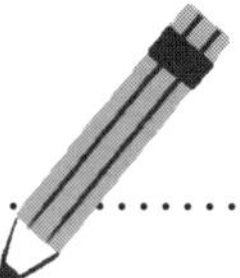

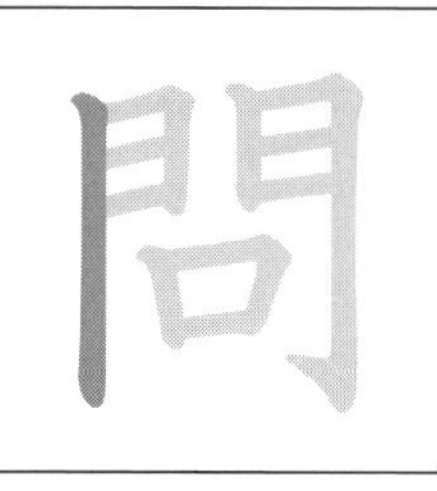

と（う） モン

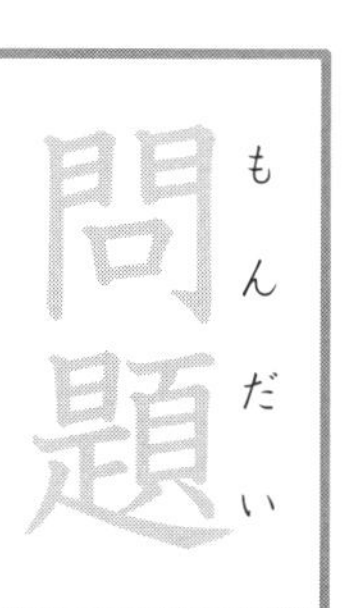

バイ

ひと（しい） トウ

◉読（よ）めるかな？

問題（もんだい）

十倍（じゅうばい）

等（ひと）しい

※同（おな）じ。差（さ）が ない こと。

◉読（よ）んで 書（か）こう。

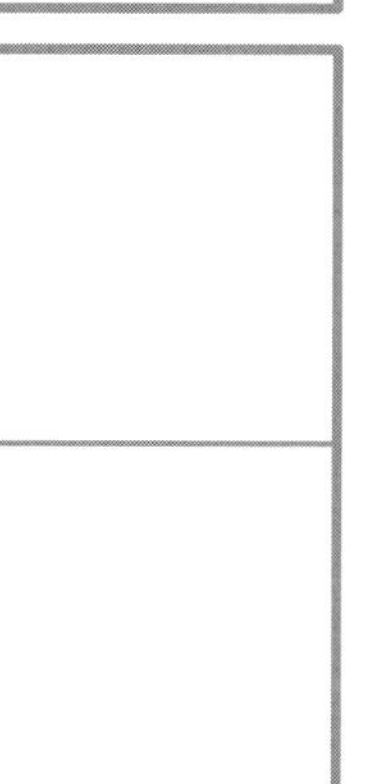

① 二（に）の 三倍（さんばい）は？

② 三（さん）の 二倍（にばい）は？

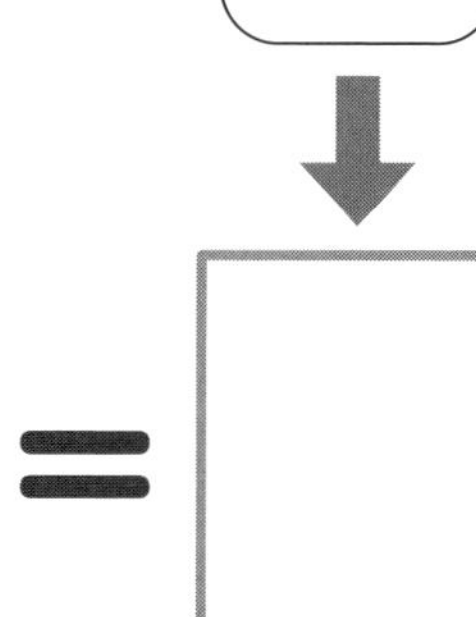

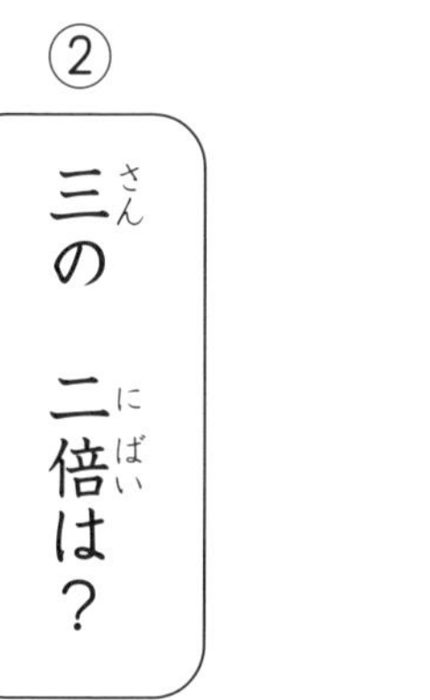

①の 答（こた）えと ②の 答（こた）えは？

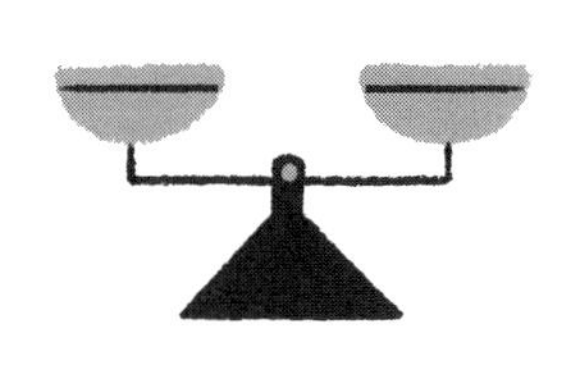

練習プリント①②③（39～41ページ）を 使（つか）って たくさん 練習（れんしゅう）しよう。

すてっぷ 3
漢字 29

（　　）月（　　）日（　　）曜日

荷　物　運　動

荷　に

物　もの　ブツ

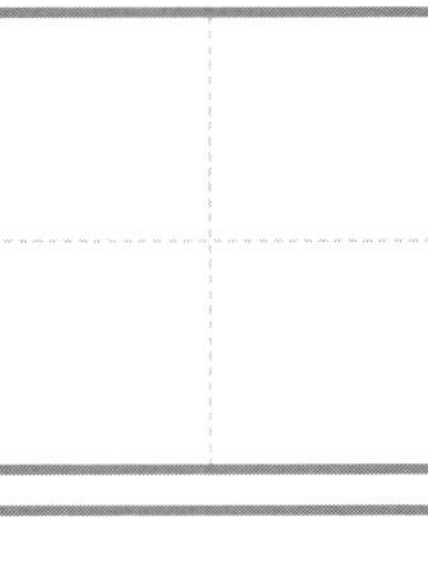

◉二つの漢字を合わせると・・・？

荷

＋

物

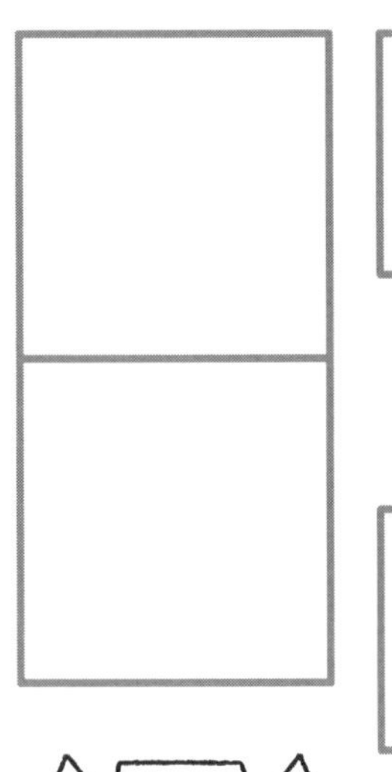

運　はこ（ぶ）　ウン

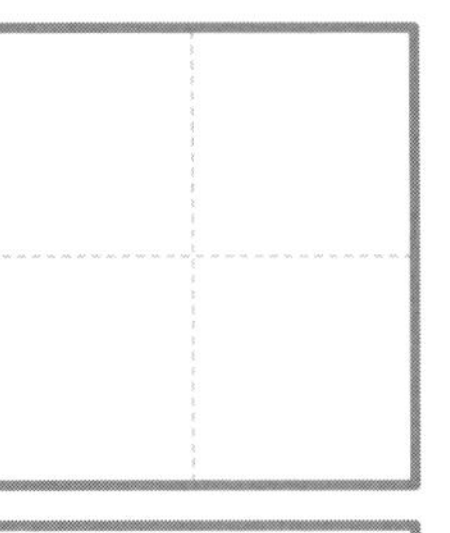

動　うご（く）　ドウ

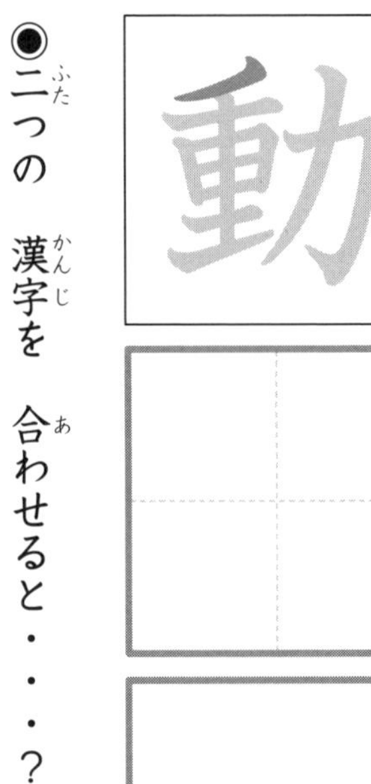

◉二つの漢字を合わせると・・・？

運

＋

動

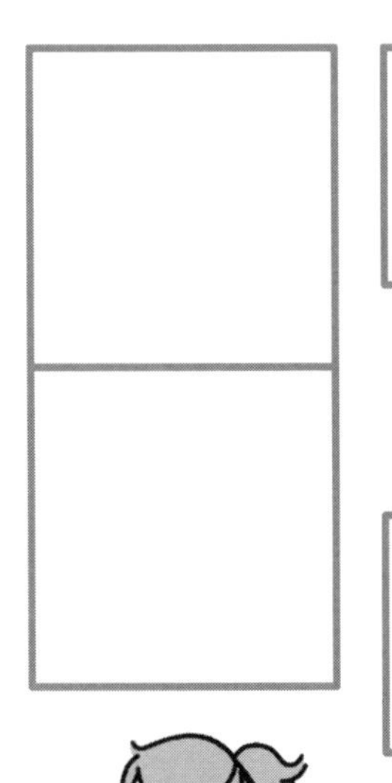

練習プリント①②③（39～41ページ）を　使って　たくさん　練習しよう。

（　　）月（　　）日（　　）曜日

練習宿題

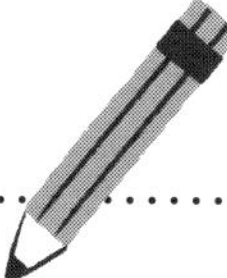

ね(る) レン

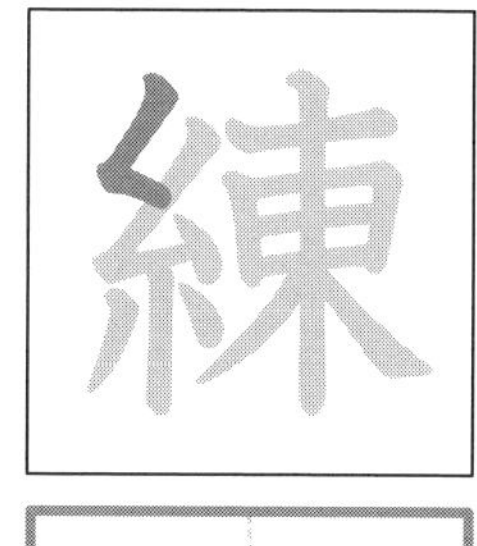

なら(う) シュウ

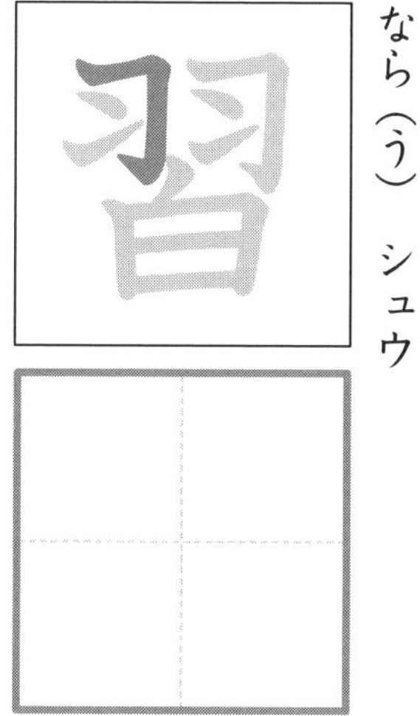

◉二つの 漢字を 合わせると・・・？

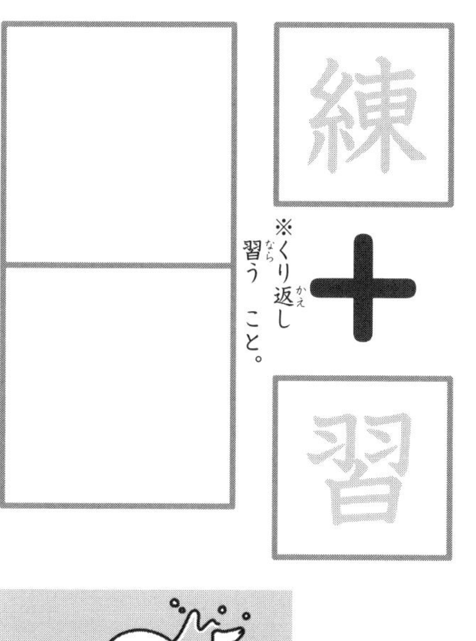

※くり返し 習う こと。

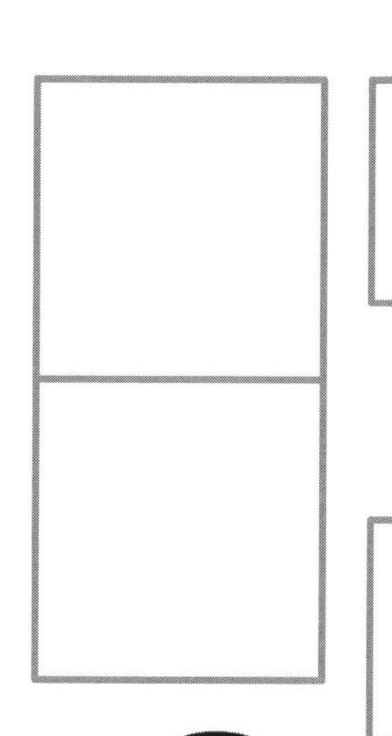

やど シュク

ダイ

◉二つの 漢字を 合わせると・・・？

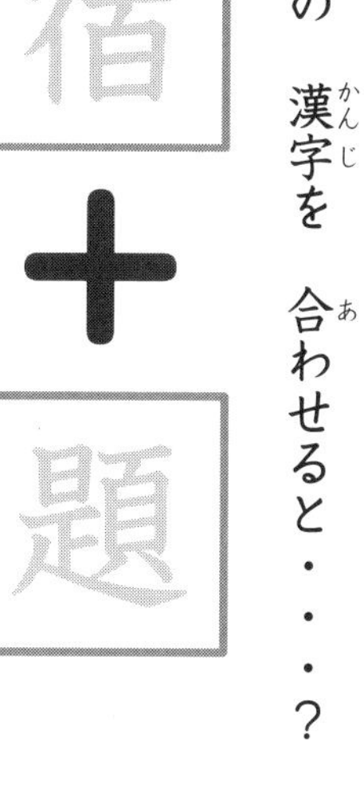

練習プリント①②③（39～41ページ）を 使って たくさん 練習しよう。

すてっぷ 3
漢字 31

（　　）月（　　）日（　　）曜日

暑 寒 重 軽

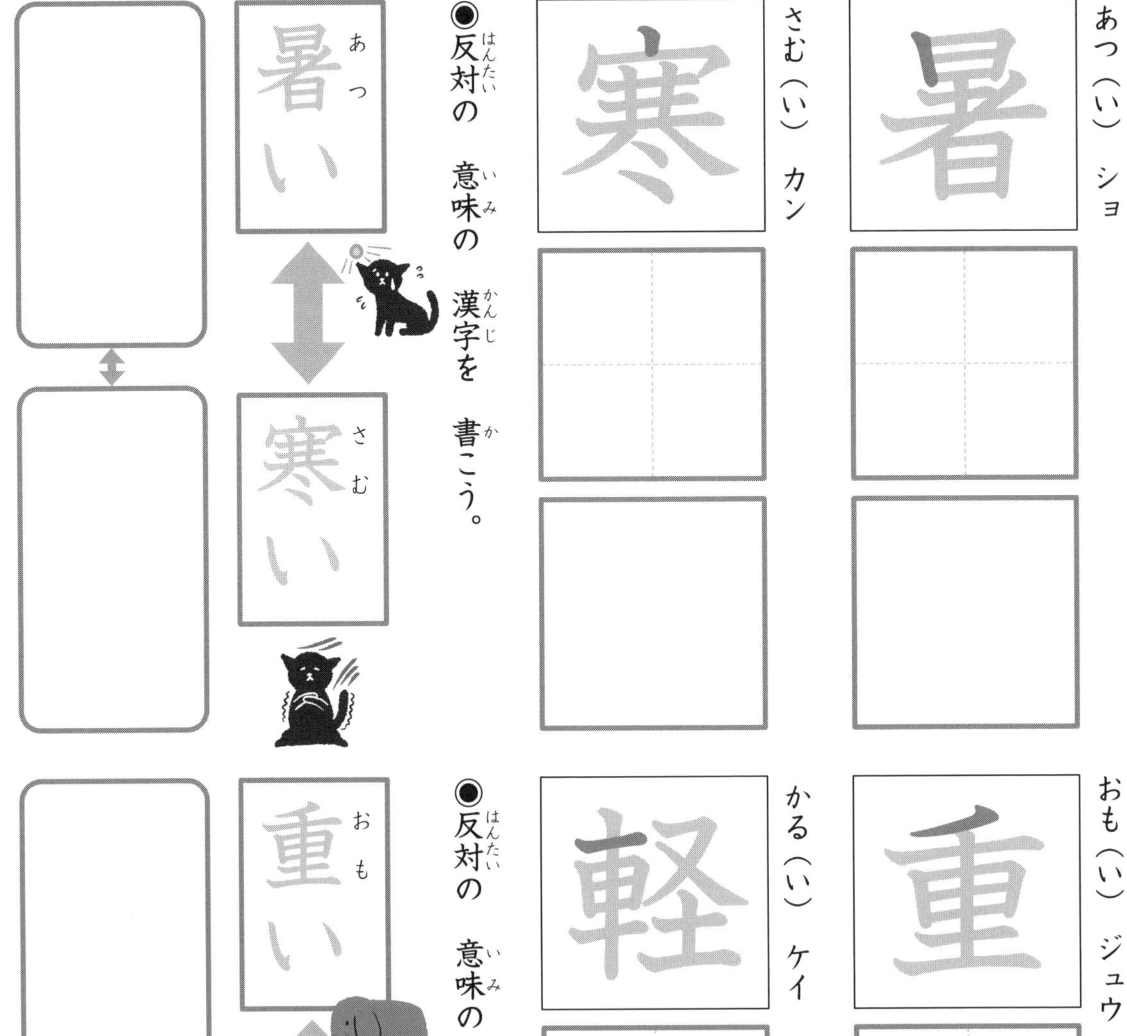

◉反対の 意味の 漢字を 書こう。

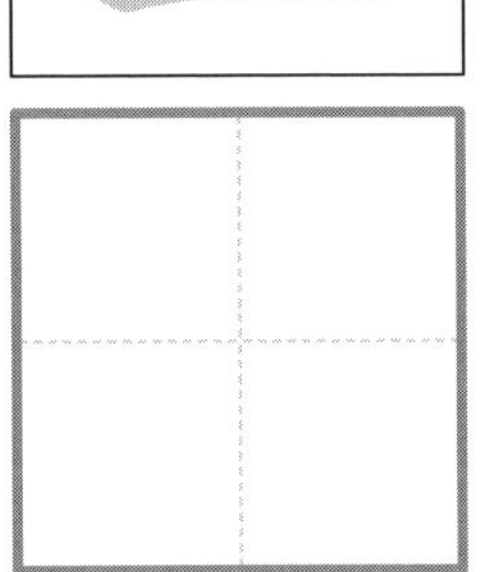

軽
かる（い） ケイ

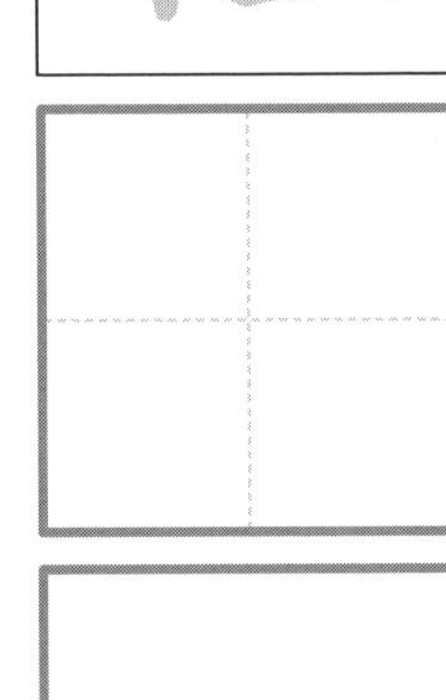

◉反対の 意味の 漢字を 書こう。

練習プリント①②③（39～41ページ）を 使って たくさん 練習しよう。

すてっぷ３の漢字

読めるかな？　書けるかな？
練習プリント①②③で
たくさん　練習しましょう。

悪 アク わる(い)	安 アン やす(い)	暗 アン くら(い)	医 イ	委 イ ゆだ(ねる)	意 イ	育 イク そだ(つ)・そだ(てる)・はぐく(む)	員 イン	院 イン	飲 イン の(む)	運 ウン はこ(ぶ)	泳 エイ およ(ぐ)	駅 エキ
央 オウ	横 オウ よこ	屋 オク や	温 オン あたた(か)・あたた(かい)・あたた(める)・あたた(まる)	化 カ ば(ける)・ば(かす)	荷 に	界 カイ	開 カイ ひら(く)・ひら(ける)・あ(く)・あ(ける)	階 カイ	寒 カン さむ(い)	感 カン	漢 カン	館 カン やかた
岸 ガン きし	起 キ お(きる)・お(こる)・お(こす)	期 キ	客 キャク	究 キュウ	急 キュウ いそ(ぐ)	級 キュウ	宮 キュウ みや	球 キュウ たま	去 キョ・コ さ(る)	橋 キョウ はし	業 ギョウ	曲 キョク ま(がる)・ま(げる)
局 キョク	銀 ギン	区 ク	苦 ク くる(しい)・くる(しむ)・くる(しめる)・にが(い)・にが(る)	具 グ	君 クン きみ	係 ケイ かか(る)・かかり	軽 ケイ かる(い)	血 ケツ ち	決 ケツ き(める)・き(まる)	研 ケン	県 ケン	庫 コ
湖 コ みずうみ	向 コウ む(く)・む(ける)・む(かう)・む(こう)	幸 コウ さいわ(い)・しあわ(せ)	港 コウ みなと	号 ゴウ	根 コン ね	祭 サイ まつ(る)・まつ(り)	皿 さら	仕 シ つか(える)	死 シ し(ぬ)	使 シ つか(う)	始 シ はじ(める)・はじ(まる)	指 シ ゆび・さ(す)
歯 シ は	詩 シ	次 ジ つ(ぐ)・つぎ	事 ジ こと	持 ジ も(つ)	式 シキ	実 ジツ み・みの(る)	写 シャ うつ(す)・うつ(る)	者 シャ もの	主 シュ ぬし・おも	守 シュ・ス まも(る)	取 シュ と(る)	酒 シュ さけ・さか
受 ジュ う(ける)・う(かる)	州 シュウ	拾 シュウ ひろ(う)	終 シュウ お(わる)・お(える)	習 シュウ なら(う)	集 シュウ あつ(まる)・あつ(める)	住 ジュウ す(む)・す(まう)	重 ジュウ・チョウ え・おも(い)・かさ(ねる)・かさ(なる)	宿 シュク やど・やど(る)・やど(す)	所 ショ ところ	暑 ショ あつ(い)	助 ジョ たす(ける)・たす(かる)	昭 ショウ
消 ショウ き(える)・け(す)	商 ショウ	章 ショウ	勝 ショウ か(つ)	乗 ジョウ の(る)・の(せる)	植 ショク う(える)・う(わる)	申 シン もう(す)	身 シン み	神 シン・ジン かみ	真 シン ま	深 シン ふか(い)・ふか(まる)・ふか(める)	進 シン すす(む)・すす(める)	世 セイ・セ よ

（網かけ）は　すてっぷ3 1～31 で　取り上げた　漢字です。ほかの　漢字も　練習しましょう。
※漢字は　音読み（カタカナ）→くん読み（ひらがな）の　じゅんに　入って　います。

おぼえた 漢字（かんじ）を
○で かこんで みよう！

整 セイ ととの（える）・ととの（う）	昔 むかし	全 ゼン まった（く）・すべ（て）	相 ソウ あい	送 ソウ おく（る）	想 ソウ	息 ソク いき	速 ソク はや（い）・はや（める）・はや（まる）	族 ゾク	他 タ ほか	打 ダ う（つ）	対 タイ	待 タイ ま（つ）
代 ダイ・タイ か（わる）・か（える）・よ	第 ダイ	題 ダイ	炭 タン すみ	短 タン みじか（い）	談 ダン	着 チャク き（る）・き（せる）・つ（く）・つ（ける）	注 チュウ そそ（ぐ）	柱 チュウ はしら	丁 チョウ	帳 チョウ	調 チョウ しら（べる）	追 ツイ お（う）
定 テイ・ジョウ さだ（める）・さだ（まる）	庭 テイ にわ	笛 テキ ふえ	鉄 テツ	転 テン ころ（がる）・ころ（げる）・ころ（がす）・ころ（ぶ）	都 ト・ツ みやこ	度 ド	投 トウ な（げる）	豆 トウ・ズ まめ	島 トウ しま	湯 トウ ゆ	登 トウ・ト のぼ（る）	等 トウ ひと（しい）
動 ドウ うご（く）・うご（かす）	童 ドウ	農 ノウ	波 ハ なみ	配 ハイ くば（る）	倍 バイ	箱 はこ	畑 はた・はたけ	発 ハツ	反 ハン そ（る）・そ（らす）	坂 さか	板 ハン・バン いた	皮 ヒ かわ
悲 ヒ かな（しい）・かな（しむ）	美 ビ うつく（しい）	鼻 はな	筆 ヒツ ふで	氷 ヒョウ こおり	表 ヒョウ おもて・あらわ（す）・あらわ（れる）	秒 ビョウ	病 ビョウ やまい	品 ヒン しな	負 フ ま（ける）・ま（かす）・お（う）	部 ブ	服 フク	福 フク
物 ブツ・モツ もの	平 ヘイ・ビョウ たい（ら）・ひら	返 ヘン かえ（す）・かえ（る）	勉 ベン	放 ホウ はな（す）・はな（つ）・はな（れる）・ほう（る）	味 ミ あじ・あじ（わう）	命 メイ いのち	面 メン	問 モン と（う）・と（い）・とん	役 ヤク	薬 ヤク くすり	由 ユ・ユウ	油 ユ あぶら
有 ユウ あ（る）	遊 ユウ あそ（ぶ）	予 ヨ	羊 ヨウ ひつじ	洋 ヨウ	葉 ヨウ は	陽 ヨウ	様 ヨウ さま	落 ラク お（ちる）・お（とす）	流 リュウ なが（れる）・なが（す）	旅 リョ たび	両 リョウ	緑 リョク みどり
礼 レイ	列 レツ	練 レン ね（る）	路 ロ じ	和 ワ								

すてっぷ
3
漢字

（　　）月（　　）日（　　）曜日

練習プリント①

漢字を　えらんで、たくさん　練習しましょう！

◉漢字を　一つ　えらんで、文を　作って　書こう。

読み方（　）（　）

読み方（　）（　）

読み方（　）（　）

読み方（　）（　）

すてっぷ 3
漢字

（　　　　）月（　　　　）日（　　　　）曜日

練習プリント②

知って いる 漢字を 二つ 使って、一つの 文に して 書きましょう。

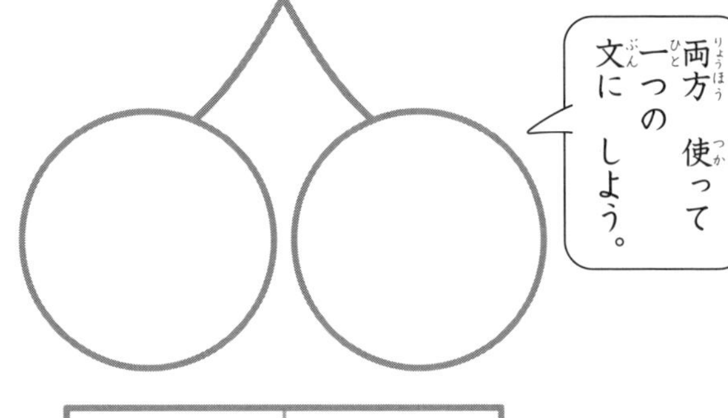

（れい）
級・決→みんなで 学級の ルールを 決めよう。
急・屋→にじが 出たので、急いで 屋上まで 行きました。

(　　　)月(　　　)日(　　　　　)曜日

練習プリント③

漢字を　使って　作文を　書いて　みましょう。

◉知って　いる　漢字を　使って、今日の　日記や　作文を　書いて　みよう。

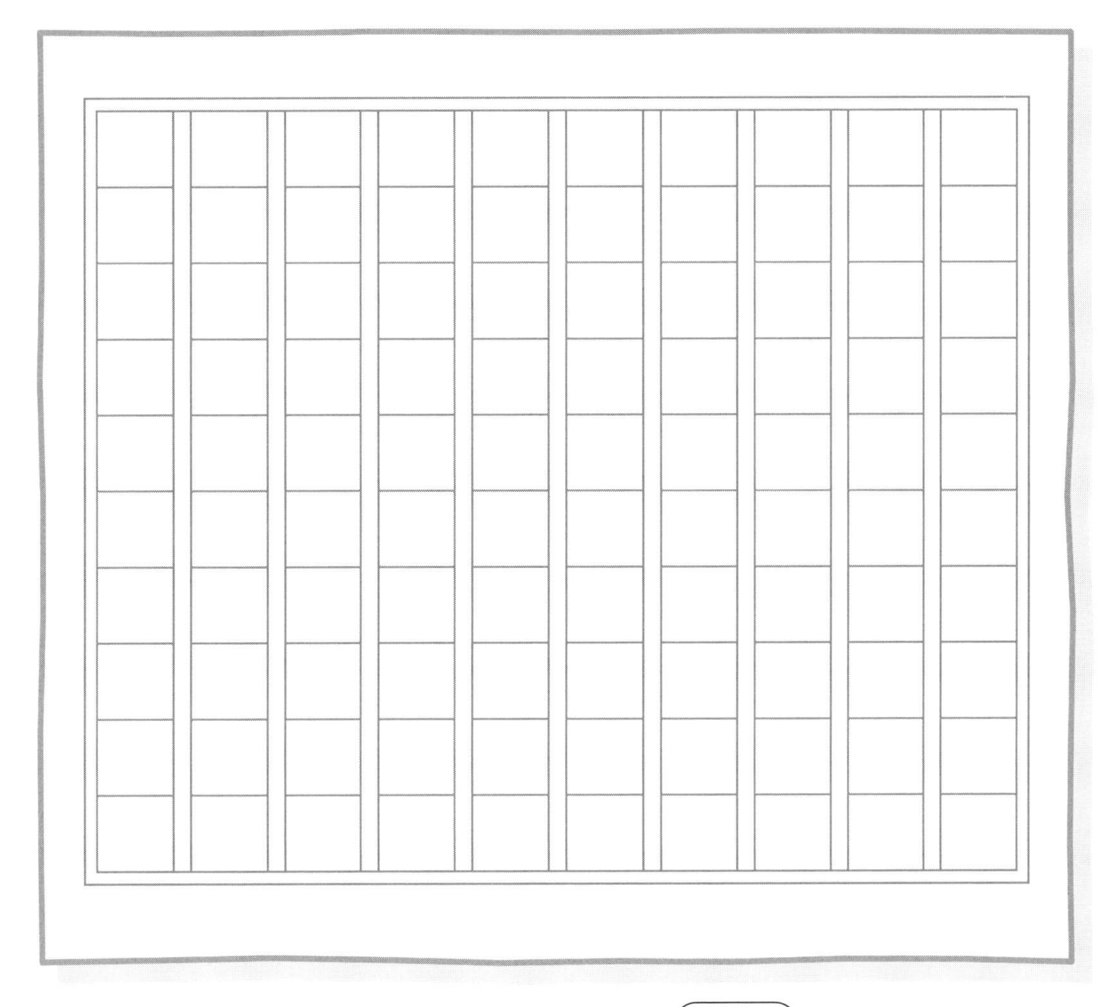

すてっぷ 3 漢字

(　　　)月(　　　)日(　　　)曜日

チャレンジテスト1

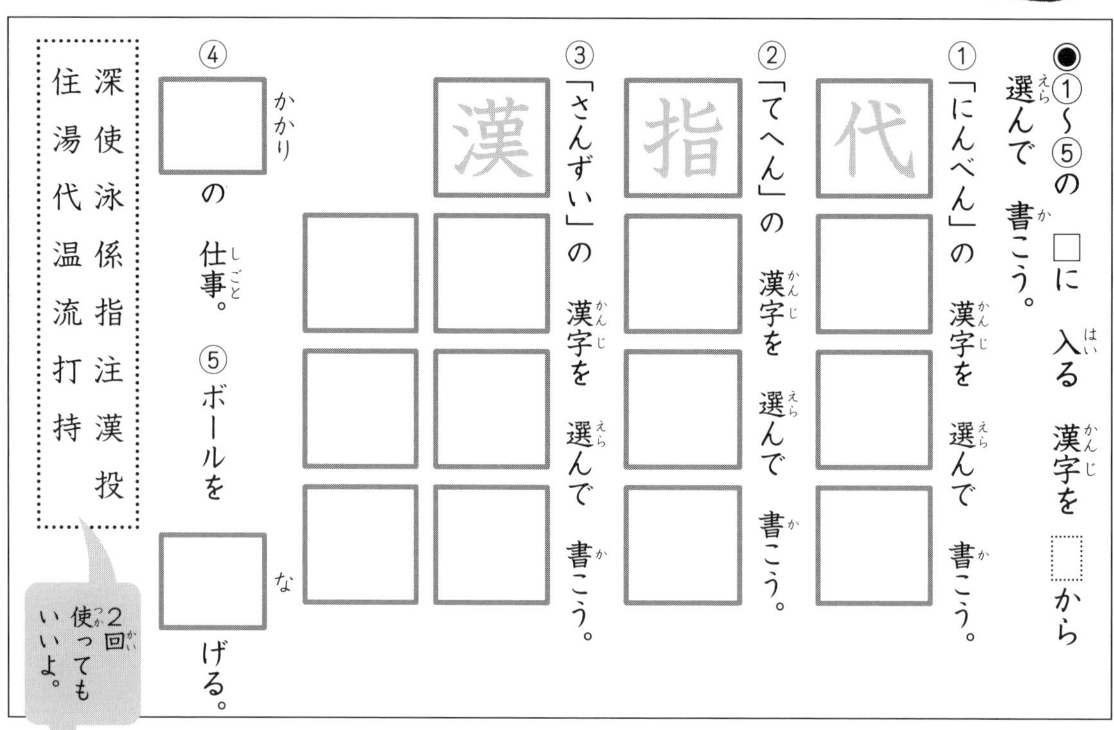

◉①〜⑤の□に入る漢字を⬚から選んで書こう。

①「にんべん」の漢字を選んで書こう。

代 □ □ □

②「てへん」の漢字を選んで書こう。

指 □ □ □

③「さんずい」の漢字を選んで書こう。

漢 □ □ □ □ □ □

④ □（かかり）の仕事。

⑤ ボールを□（な）げる。

深 使 泳 係 指 注 漢 投
住 湯 代 温 流 打 持

2回使ってもいいよ。

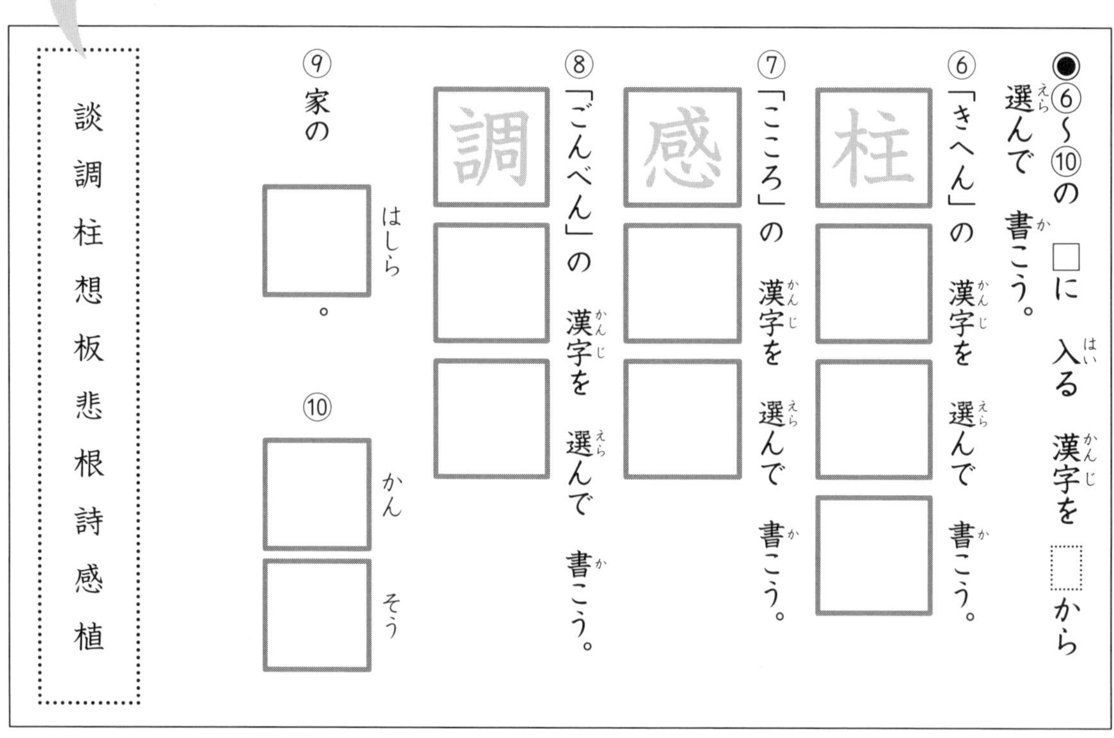

◉⑥〜⑩の□に入る漢字を⬚から選んで書こう。

⑥「きへん」の漢字を選んで書こう。

柱 □ □ □ □

⑦「こころ」の漢字を選んで書こう。

感 □ □

⑧「ごんべん」の漢字を選んで書こう。

調 □ □

⑨ 家の□（はしら）。

⑩ □□（かんそう）

談 調 柱 想 板 悲 根 詩 感 植

10問中、何問合っていましたか？　　問／10問

すてっぷ 3 漢字

(　　　)月(　　　)日(　　　)曜日

チャレンジテスト2

◉次の言葉を漢字で書こう。

① はいしゃ
② けんきゅう
③ びょういん
④ せかい
⑤ しぎょうしき

◉―線の部分を漢字に直して文を書こう。

⑥ しゃしんを とる。
⑦ しょうぶを する。
⑧ よていを きめる。
⑨ へいわを まもる。
⑩ しごとが おわる。

10問中、何問合って いましたか?　問／10問

答え

すてっぷ3 漢字

●9ページ【漢字4】
（さんずいの　漢字を　もっと）漢・決・消・注など。

●10ページ【漢字5】
（知って　いる　植物の　名前）チューリップ・ひまわり・あさがお・シクラメンなど。

●14ページ【漢字9】
（何が、何を）ねこが、ねずみを　追いかけて　います（いる）。

●15ページ【漢字10】
（どんな　病院を）大学病院　きゅう急病院　など。
（薬局で　売って　いる　もの）かぜ薬・体温計・ほうたいなど。

●24ページ【漢字19】
（「和食」の　朝食メニュー）ごはん・やき魚・なっ豆・とうふ・味そしるなど。

●25ページ【漢字20】
（どんな　意味）山に　登る　こと。

●26ページ【漢字21】
（一分間は）六十秒です。（「六十」は　「六〇」でも　「60」でも　正かいです。）

●33ページ【漢字28】
（問題）①②とも「六」（「6」でも　正かいです。）

●34ページ【漢字29】
（上から　じゅんに）荷物・運動

●35ページ【漢字30】
（上から　じゅんに）練習・宿題

●42ページ【チャレンジテスト1】
① （にんべん）（代）・住・使・係
② （てへん）（指）・投・打・持
③ （さんずい）（漢）・注・湯・温・泳・流・深
④ 係
⑤ 投
⑥ （きへん）（柱）・植・板・根
⑦ （こころ）（感）・想・悲
⑧ （ごんべん）（調）・詩・談
⑨ 柱
⑩ 感想

●43ページ【チャレンジテスト2】
① 歯医者
② 研究
③ 病院
④ 世界
⑤ 始業式
⑥ 写真をとる。
⑦ 勝負をする。
⑧ 予定を決める。
⑨ 平和を守る。
⑩ 仕事が終わる。

すてっぷ3 計算

- かけ算九九を　使って、わり算に　ちょうせんしよう！
- かけ算の　筆算の　やり方を　おぼえよう！
- 小数や　分数など、新しい数の　表し方を　学ぼう！

計算の　力を　チェック！

- □ くり上がりの　ある　足し算の　筆算が　できる。
- □ くり下がりの　ある　引き算の　筆算が　できる。
- □ かけ算九九が　言える。
- □ かけ算九九を　わり算にも　使える。
- □ 小数や　分数の　読み・書きが　できる。
- □ 大きな数や　時間の　問題に　答える　ことが　できる。

すてっぷ 3
計算 1

ふく習①

(　　　)月(　　　)日(　　　　)曜日

計算(けいさん)を　しましょう。

(1)
$$\begin{array}{r} 22 \\ +47 \\ \hline \end{array}$$

(2)
$$\begin{array}{r} 39 \\ +18 \\ \hline \end{array}$$

(3)
$$\begin{array}{r} 78 \\ -12 \\ \hline \end{array}$$

(4)
$$\begin{array}{r} 52 \\ -36 \\ \hline \end{array}$$

スペシャル　問題(もんだい)！

50円玉(えんだま)で　32円(えん)の　おかしを　買(か)うと
おつりは　何円(なんえん)ですか？

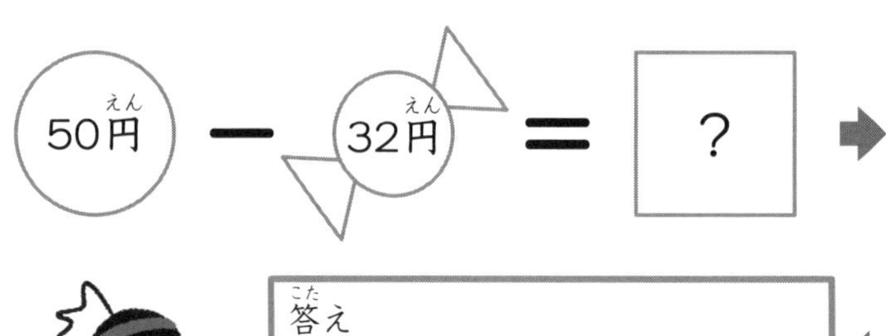

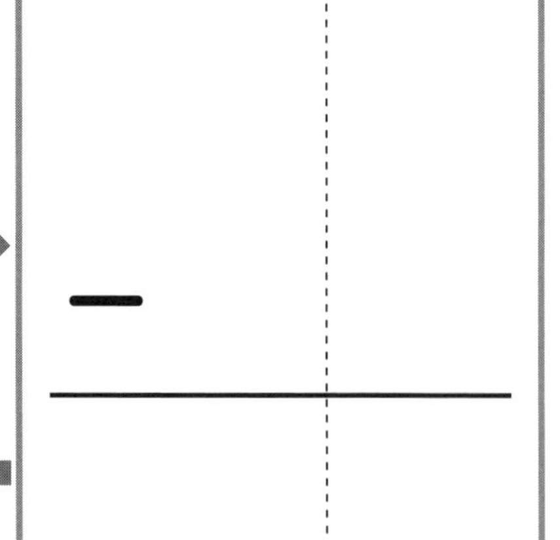

すてっぷ 3
計算 2

（　　　）月（　　　）日（　　　）曜日

ふく習②

計算を　しましょう。

(1) $3 \times 5 =$ □　　(2) $2 \times 7 =$ □

(3) $4 \times 2 =$ □　　(4) $3 \times 8 =$ □

(5) $2 \times 5 =$ □　　(6) $1 \times 9 =$ □

(7) $5 \times 6 =$ □　　(8) $4 \times 1 =$ □

(9) $1 \times 3 =$ □　　(10) $5 \times 4 =$ □

スペシャル　問題！

3こ入りの　シュークリームを　4箱　買うと、全部で
何こですか？

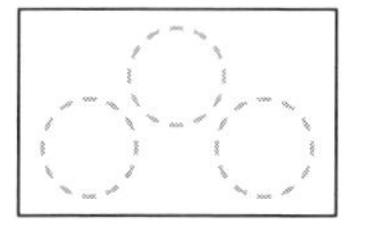
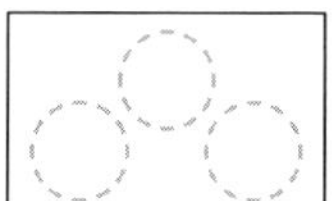
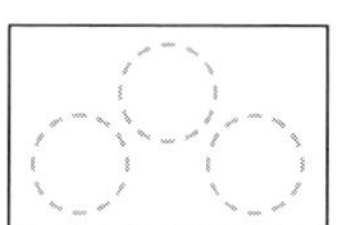
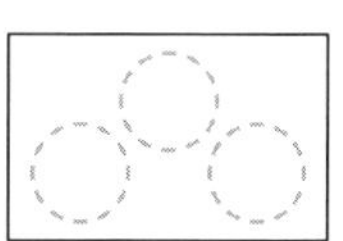

シュークリームを
3こずつ　書こう！

式

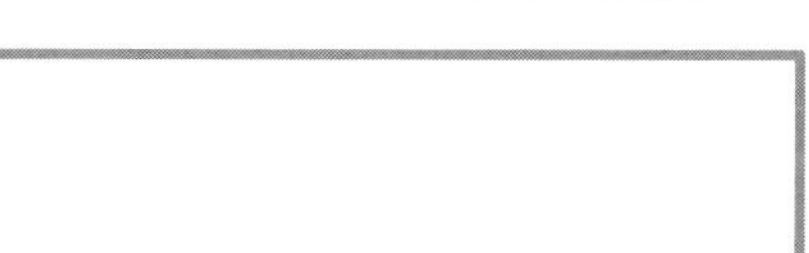

答え　　　　こ

すてっぷ
3
計算 3

( )月 ( )日 ( )曜日

ふく習③

計算(けいさん)を しましょう。

(1) $8 \times 2 =$ □　(2) $7 \times 7 =$ □

(3) $6 \times 3 =$ □　(4) $8 \times 8 =$ □

(5) $7 \times 5 =$ □　(6) $6 \times 6 =$ □

(7) $9 \times 2 =$ □　(8) $7 \times 4 =$ □

(9) $6 \times 8 =$ □　(10) $9 \times 9 =$ □

スペシャル 問題(もんだい)！

1ふくろに、クッキーが 8まい 入(はい)って います。5ふくろ 買(か)うと クッキーは 全部(ぜんぶ)で 何(なん)まいですか？

式(しき)

答(こた)え まい

すてっぷ 3
計算 4

（　　）月（　　）日（　　）曜日

答えが　3けたに　なる　足し算

計算を　しましょう。

（れい）

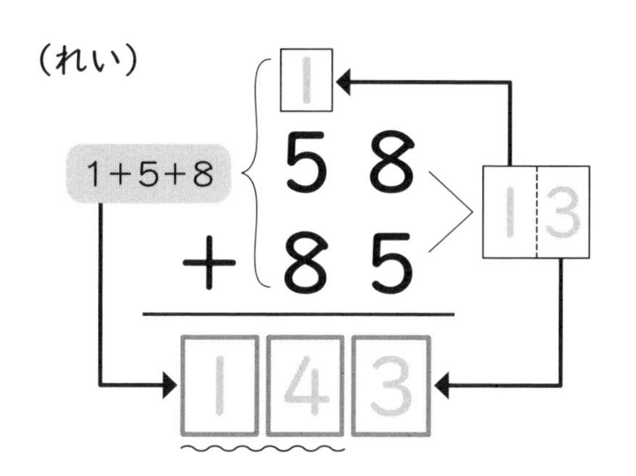

答えを　書こう！

58＋85＝

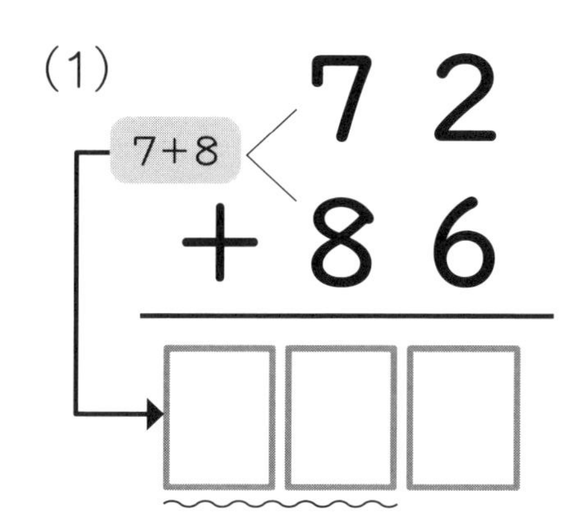

(1)

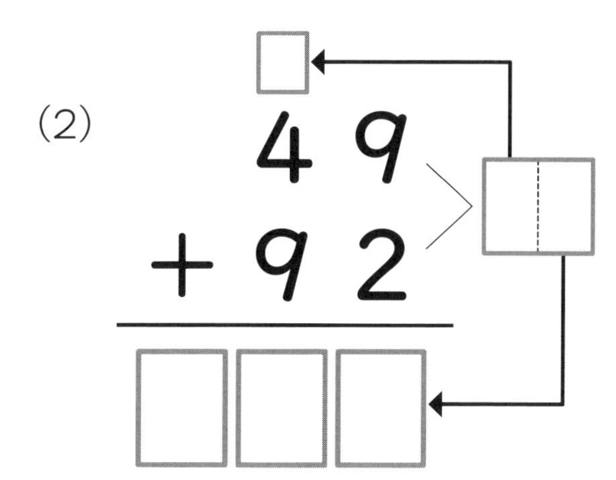

(2)

スペシャル　問題！

こうたさんは　おり紙を　67まい、
弟は　58まい　持って　います。
合わせて　何まいですか？

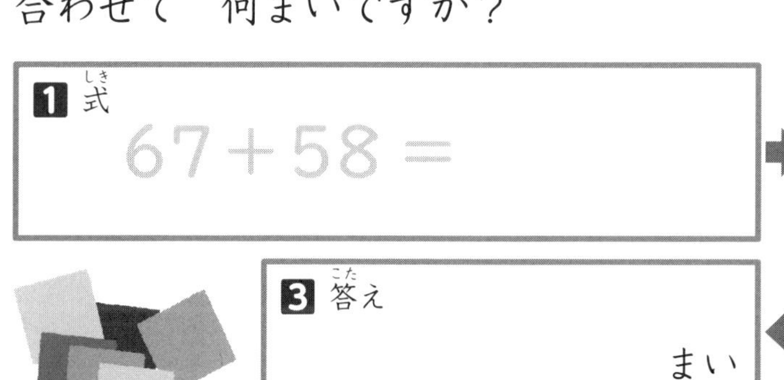

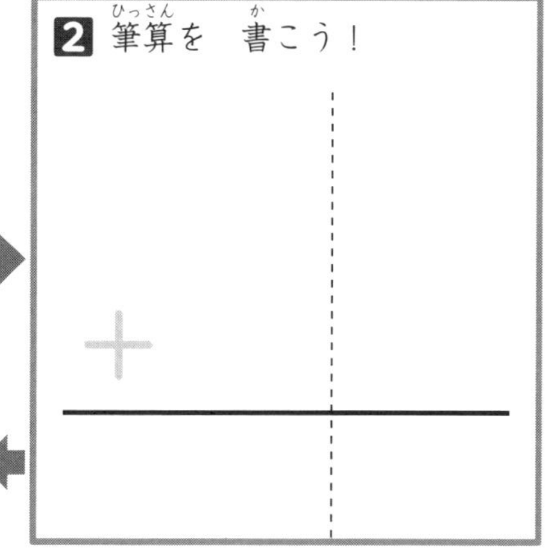

すてっぷ 3
計算 5

( )月( )日( )曜日

3けたから 引く 引き算

計算を しましょう。

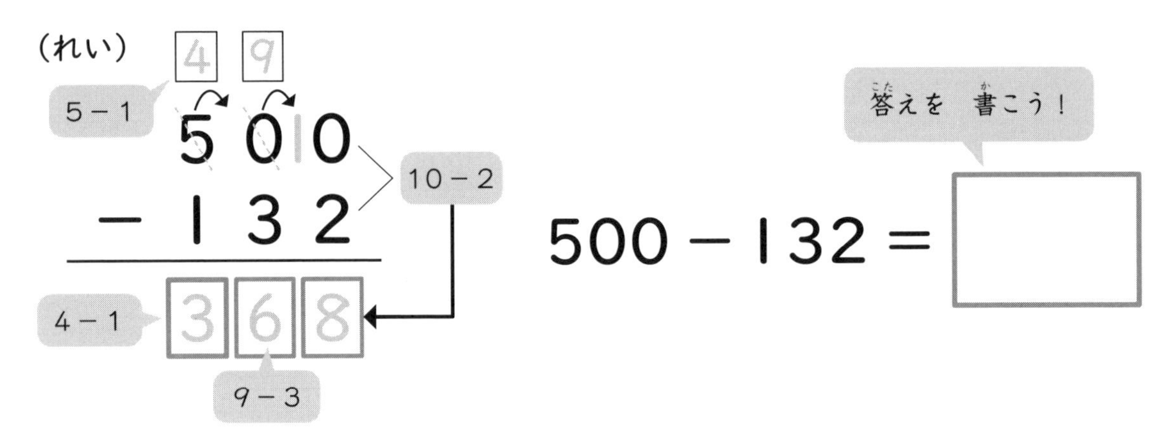

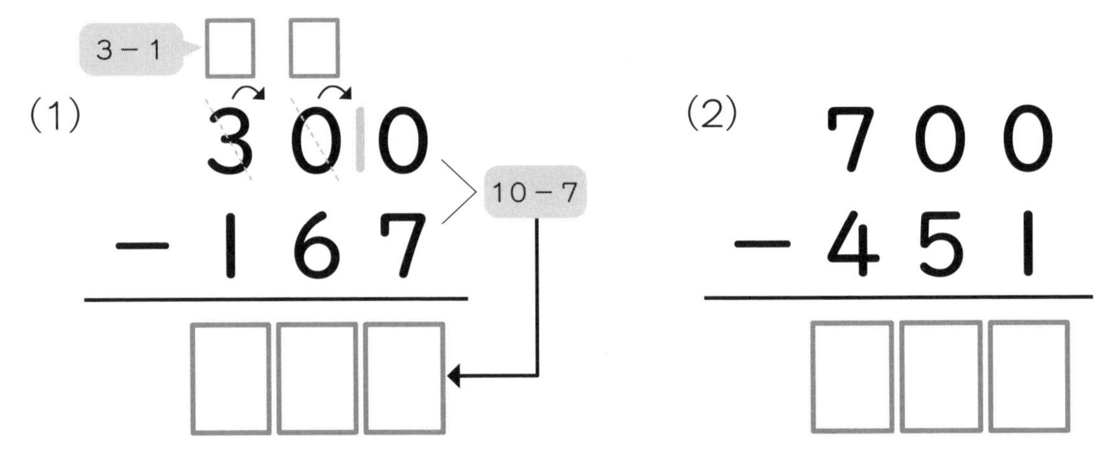

スペシャル 問題！

200円で 135円の おかしを 買うと、おつりは いくらですか？

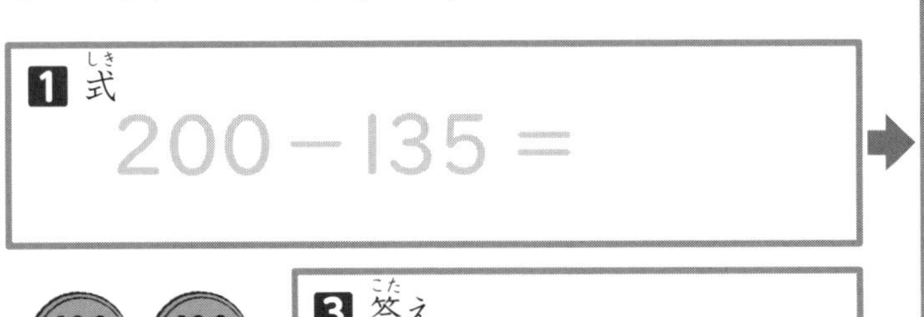

3 答え

円

すてっぷ 3
計算 6

（　　）月（　　）日（　　）曜日

答えが　4けたに　なる　足し算

計算を　しましょう。

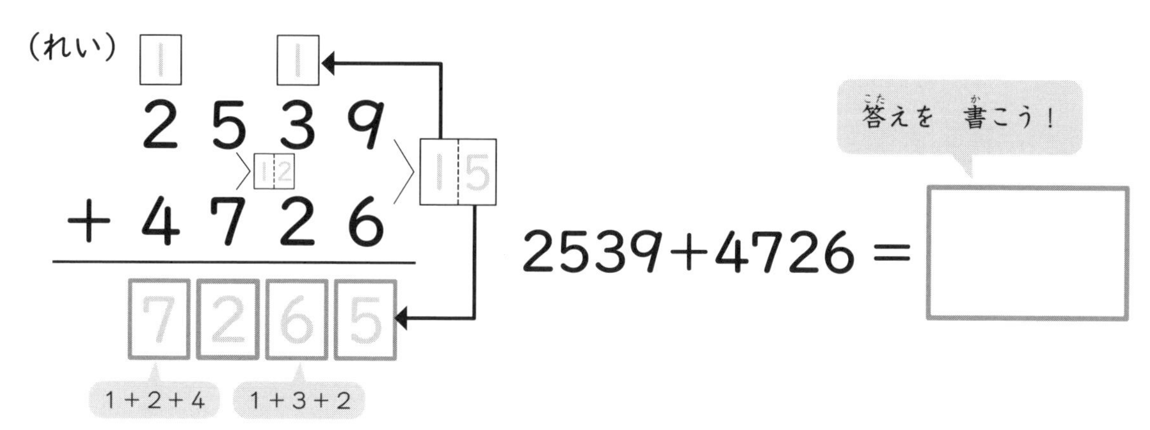

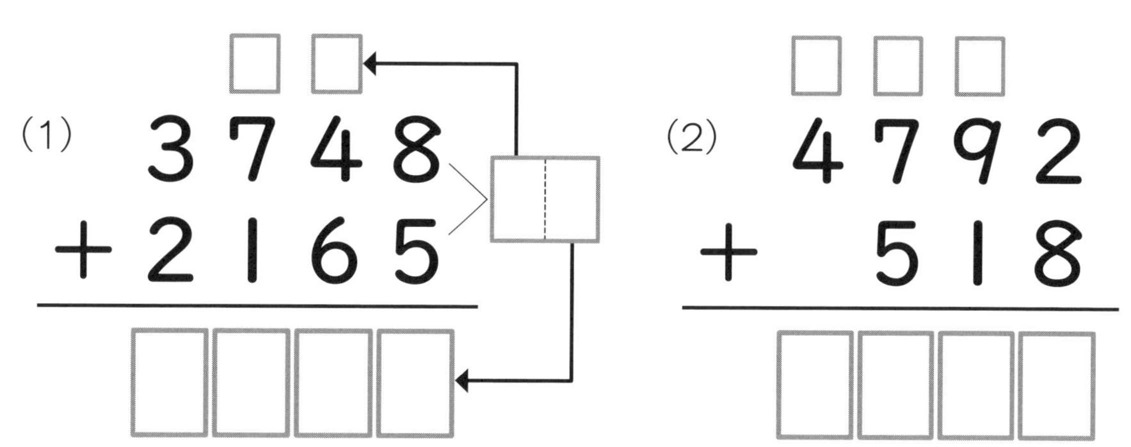

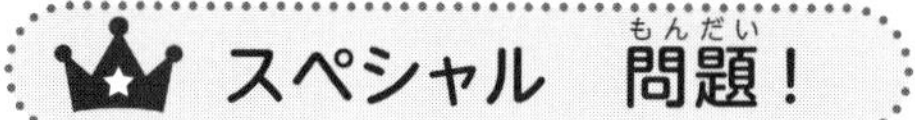

1200円の　筆箱と　918円の　ファイルを
買うと、合わせて　何円ですか？

1 式
1200＋918＝

2 筆算を　書こう！
＋

3 答え
円

すてっぷ 3 計算 7

(　　　　)月(　　　　)日(　　　　　　)曜日

4けたから 引く 引き算

計算を しましょう。

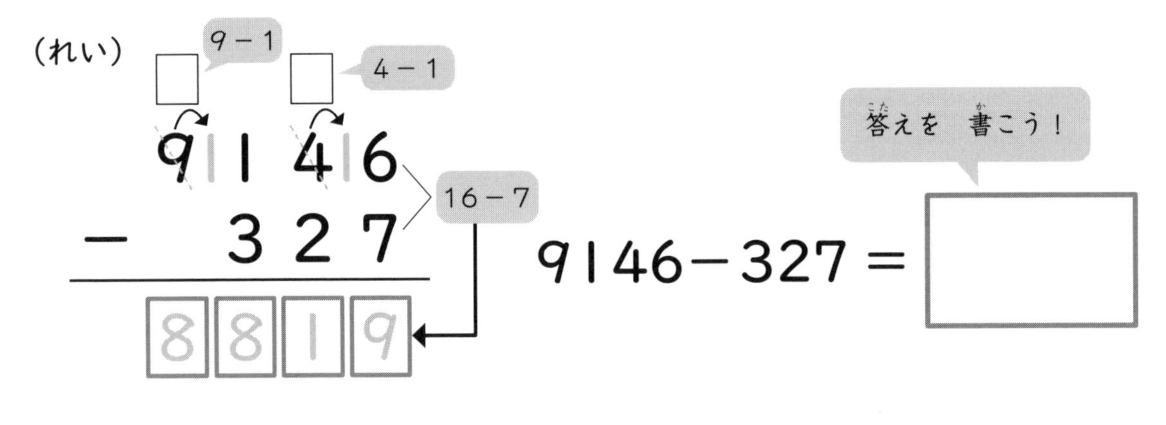

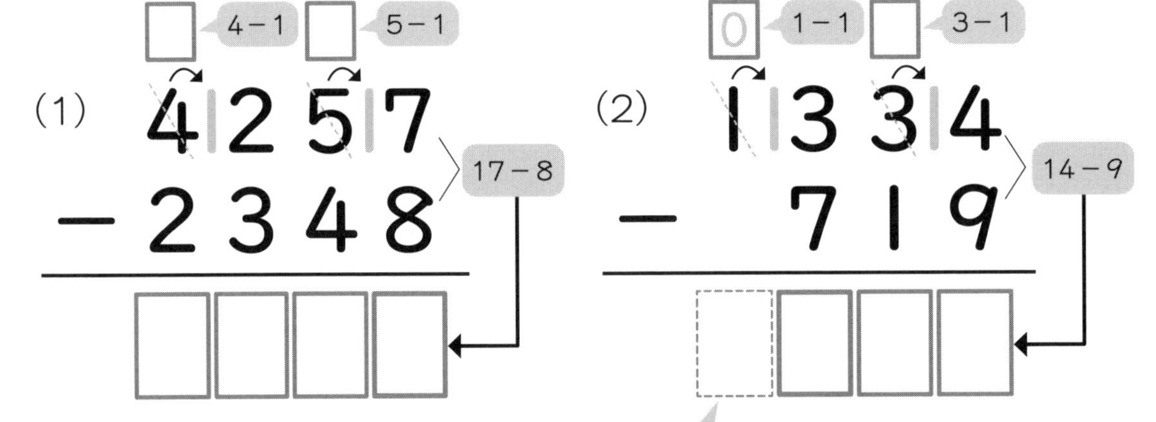

スペシャル 問題！

1000円さつで 715円の マンガを 買うと、おつりは 何円ですか？

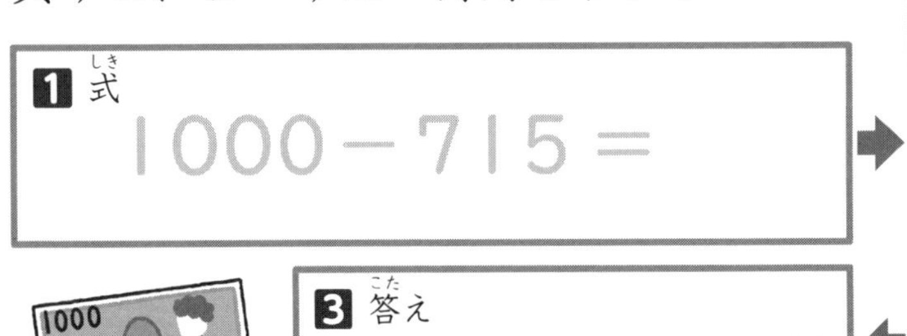

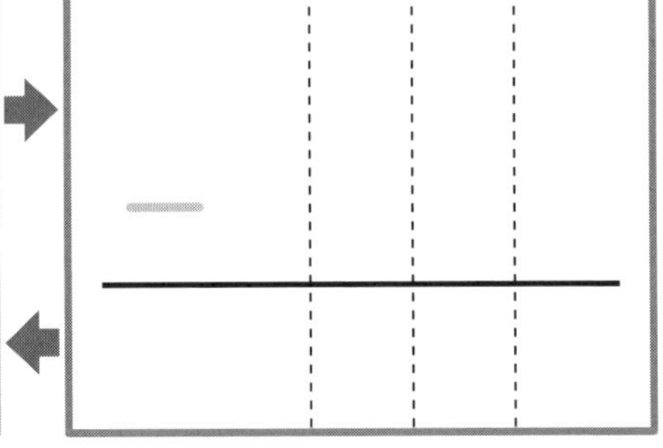

すてっぷ 3
計算 8

（　　）月（　　）日（　　）曜日

大きな　数の　足し算・引き算①

計算を　しましょう。

(1)
$$\begin{array}{r} 352 \\ +\,285 \\ \hline \end{array}$$
□□□

(2)
$$\begin{array}{r} 408 \\ -\,309 \\ \hline \end{array}$$
□□

(3) 384＋279＝□

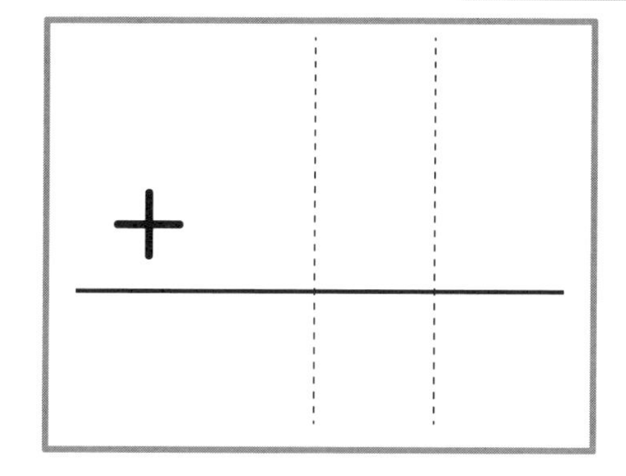

(4) 781－243＝□

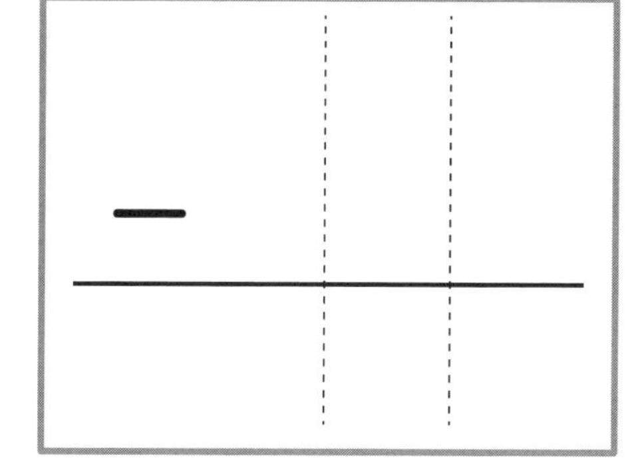

スペシャル　問題！

1760円の　Tシャツと　440円の　ハンカチを　買うと　合わせて　何円ですか？

1 式

1760＋440＝

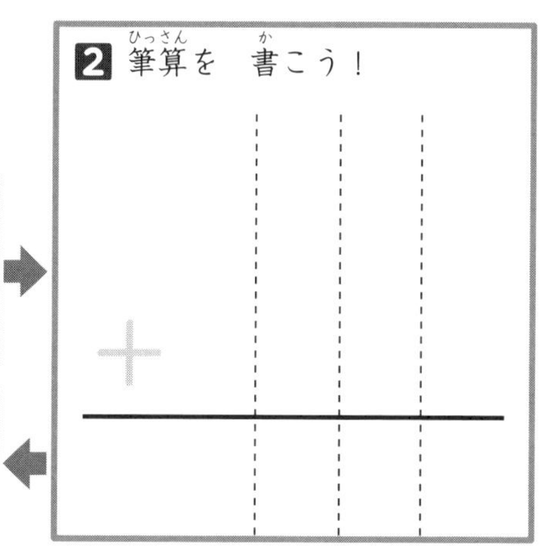

2 筆算を　書こう！

3 答え

円

すてっぷ 3
計算 9

(　　)月(　　)日(　　)曜日

大きな　数の　足し算・引き算②

＋－を　よく　見て　計算しましょう。

(1)
$$\begin{array}{r} 6589 \\ +\ 1443 \\ \hline \end{array}$$

(2)
$$\begin{array}{r} 4324 \\ -\ 1759 \\ \hline \end{array}$$

(3) 4257＋2712＝□

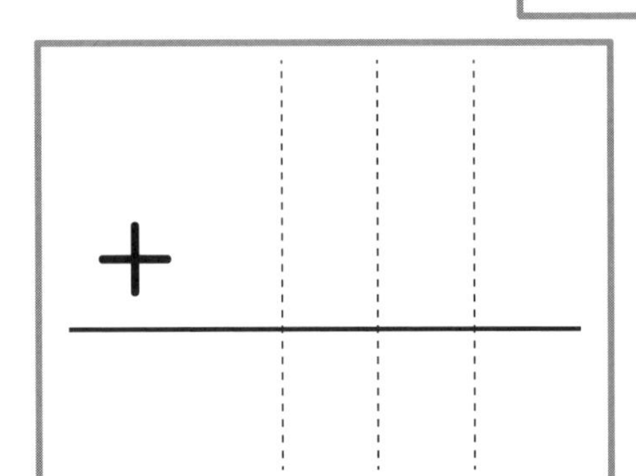

(4) 9141－87＝□

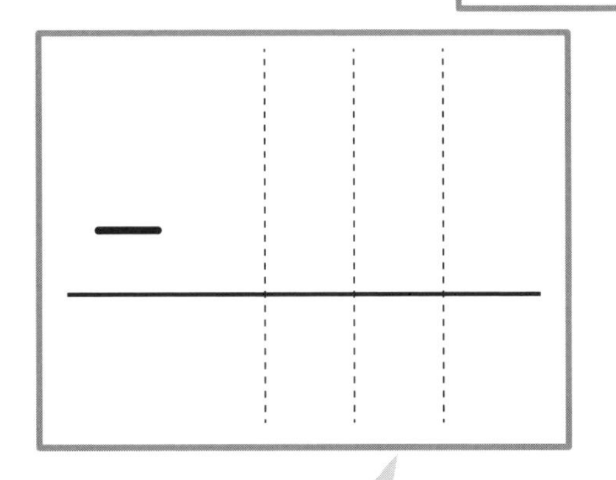

くらいを　そろえて　書こう！

スペシャル　問題！

3250円の　ぼうしを　買います。
5000円さつで　しはらうと、おつりは
何円ですか？

1 式
5000－3250＝

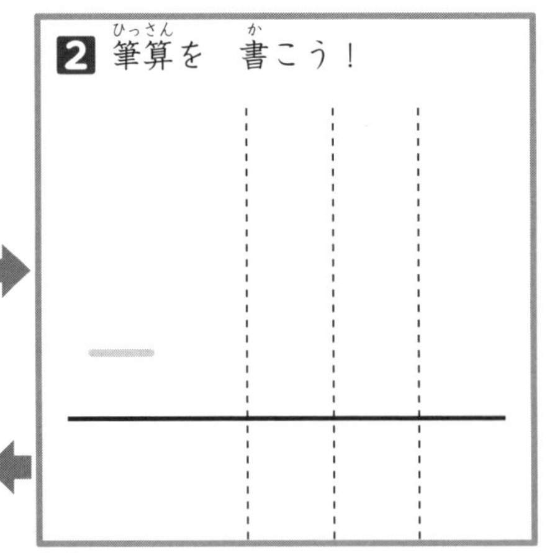

3 答え
円

すてっぷ 3
計算 10

（　　）月（　　）日（　　）曜日

わり算①

8この いちごを、2人に 同じ数ずつ 分けると、1人分は 何こに なりますか？

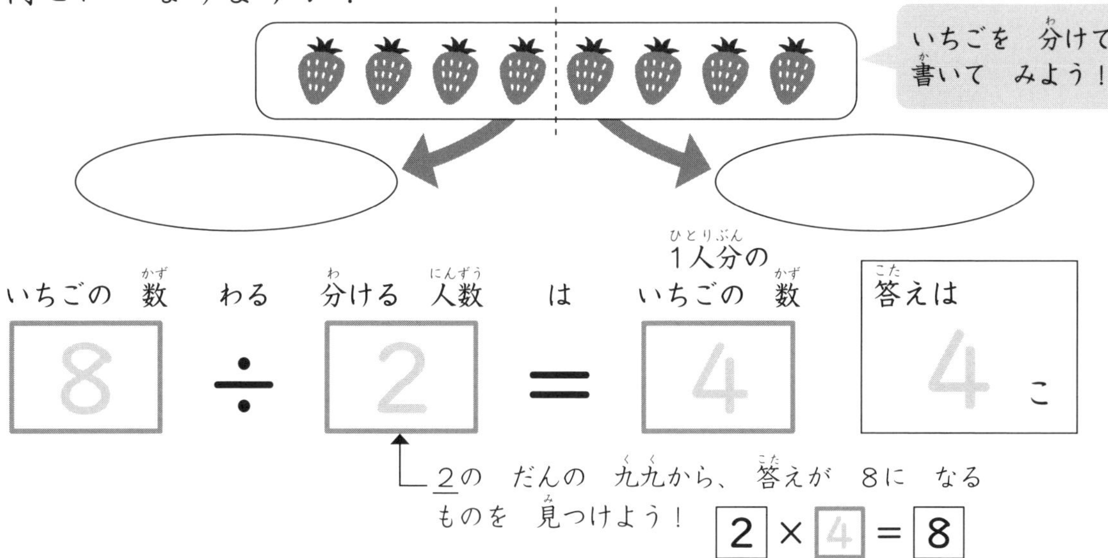

次の 計算を しよう。（九九を 思い出して 取り組もう！）

（1） $12 \div 3 =$ □

$3 \times$ □ $= 12$

（2） $36 \div 6 =$ □

$6 \times$ □ $= 36$

スペシャル 問題！

9この いちごを、3人で 同じ数ずつ 分けると、1人分は 何こに なりますか？

いちごを 3皿に 分けて 書こう！

式

答え　　こ

すてっぷ 3
計算 11

(　　　)月(　　　)日(　　　　)曜日

わり算②

12この　あめを、1人に　2こずつ　分けると、何人に分けられますか？

あめを　2こずつ　かこもう！

あめの　数　わる　1人分の　数　は　分けられる　人数

12 ÷ 2 ＝ 6

答えは　6 人

2の　だんの　九九を　となえて、答えが　12に　なるものを　見つけよう！　2 × 6 ＝ 12

次の　計算を　しましょう。

(1) 35 ÷ 5 ＝ □
5 × □ ＝ 35

(2) 16 ÷ 8 ＝ □
8 × □ ＝ 16

(3) 32 ÷ 4 ＝ □
4 × □ ＝ 32

(4) 56 ÷ 7 ＝ □
7 × □ ＝ 56

スペシャル　問題！

12この　あめを、1人に　4こずつ　分けると、何人に分けられますか？

あめを　4こずつ　かこもう！

式

答え　　人

さくらんぼ教室の学習基礎トレーニング集 きそトレ

すてっぷ①～⑥
刊行開始！

CD-ROM付き

自分のペースで学びたい子のための

サポートドリル

漢字・計算 すてっぷ③ すてっぷ④

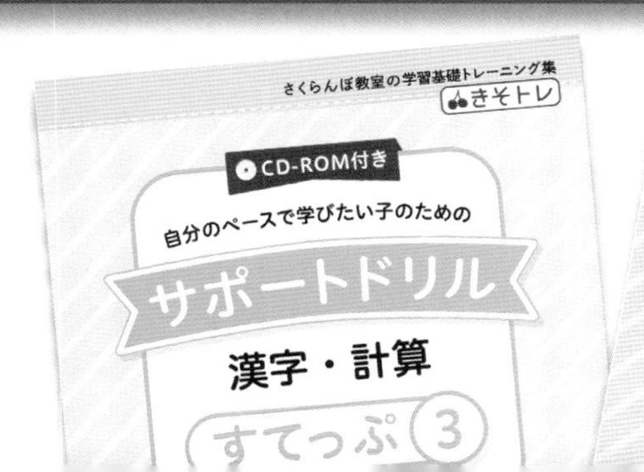

サポートドリルとは？

1人ひとりに合う
“すてっぷ”を選んで、
「できる」ところから

サポートドリル執筆者

株式会社Grow-Sさくらんぼ教室

勉強が苦手な子ども、発達障害をもつ子どものための学習塾。1990年開設。
千葉県・東京都・神奈川県・茨城県の13教室で2才～社会人まで
2,500人が学習中（2021年3月現在）。

さくらんぼ教室ホームページ▼
http://www.sakuranbo-class.com/

伊庭 葉子（いば・ようこ）〔監修〕

株式会社Grow-S代表取締役（特別支援教育士）

1990年より発達障害をもつ子どもたちの学習塾「さくらんぼ教室」を展開。

小寺 絢子（こでら・あやこ）

株式会社Grow-S教室運営部・教務リーダー

さくらんぼ教室・教室長を歴任。
現在は教務リーダーとして、カリキュラムの作成、教材作成、人材育成など幅広く担当している。

内容見本

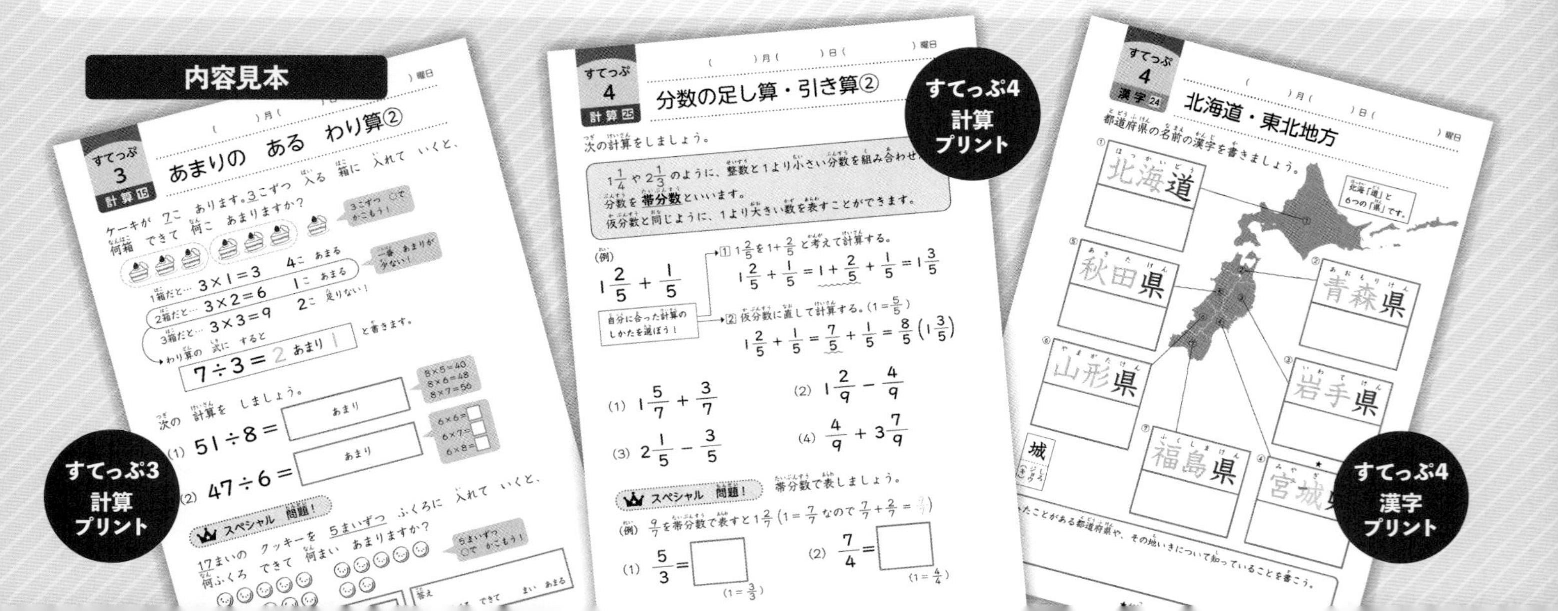

できた！が実感できる、
一人ひとりに合ったステップ方式
学習につまずきのある子どもも、ゆっくり楽しく学べる
繰り返し学べて、家庭学習にも最適

サポートドリル
漢字・計算 すてっぷ③

- B5判・88ページ
- 定価1,980円（本体1,800円+税）
- ISBN978-4-7619-2706-6

サポートドリル
漢字・計算 すてっぷ④

- B5判・88ページ
- 定価1,980円（本体1,800円+税）
- ISBN978-4-7619-2707-3

「すてっぷ3」は小学校3年、「すてっぷ4」は小学校４年の漢字と計算に対応しています

続刊のご案内 ▶ すてっぷ⑤・すてっぷ⑥　2021年8月下旬刊行予定

意に合わせて、ちょうどよい「すてっぷ」を選べるので、**通級指導教室**や**特別支援学級・学校**での個別指導に活用できるほか、家庭学習用教材としても役立ちます。

● “れんしゅうプリント”を活用することで、さらに個々に合わせた学びを広げることができます。学校やご家庭でもお子さんと一緒にたくさん問題を作ってみてください。

サポートドリルの特長

① 学びやすいサポートが入っているので、「できた!」が実感できる!

- 「かけるかな」「よめたら まるを つけよう」「スペシャルもんだい」などの課題を進めるごとに、「できた!」が実感でき、自信が持てるようになります。

② 繰り返し練習することで、漢字や計算の基礎が身につく!

- 付属のCD-ROMからPDFデータをプリントして、何度も使えます。
- 「れんしゅうプリント」を使って、オリジナル問題を作りながら、何度も練習できます。

③ 学習につまづきのある子、学習習慣がついていない子も自分のペースで学べる!

④ 子どもたちの生活の中で考える、イラストを使った身近で楽しい問題!

すてっぷ 3
計算 12

(　　　)月(　　　)日(　　　　)曜日

わり算③

九九を　使って、わり算の　答えを　もとめましょう。

(1) $63 \div 9 =$ □

$9 \times$ □ $= 63$

(2) $9 \div 9 =$ □

$9 \times$ □ $= 9$

(3) $24 \div 6 =$ □

$6 \times$ □ $= 24$

(4) $45 \div 5 =$ □

$5 \times$ □ $= 45$

(5) $42 \div 7 =$ □

$7 \times$ □ $= 42$

(6) $6 \div 2 =$ □

$2 \times$ □ $= 6$

(7) $15 \div 3 =$ □

$3 \times$ □ $= 15$

(8) $32 \div 8 =$ □

$8 \times$ □ $= 32$

スペシャル　問題！

42この　ボールを、同じ　数ずつ　7つの　箱に　入れます。
1つの　箱には、何この　ボールが　入りますか？

$7 \times$ □ $= 42$　だから…

式

答え　　　　こ

すてっぷ 3
計算 13

（　　　）月（　　　）日（　　　）曜日

わり算④

次の　計算を　しましょう。

(1) $16 \div 2 =$ □

(2) $27 \div 3 =$ □

(3) $9 \div 3 =$ □

(4) $64 \div 8 =$ □

(5) $81 \div 9 =$ □

(6) $8 \div 2 =$ □

(7) $48 \div 6 =$ □

(8) $54 \div 9 =$ □

スペシャル　問題！

36この　みかんを、9こずつ　ふくろに　入れます。みかんの　入った　ふくろは、何ふくろ　できますか？

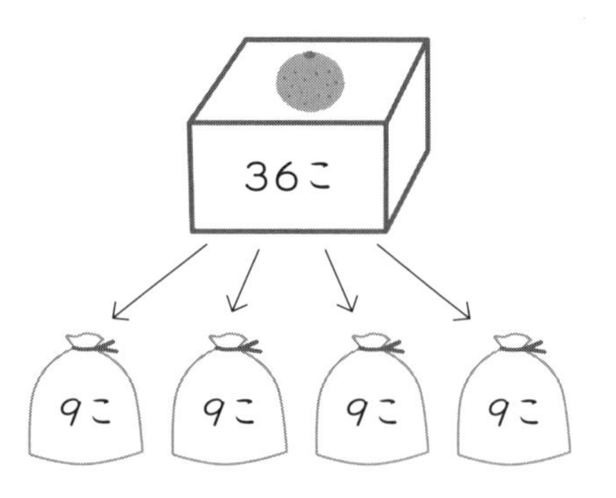

9×□＝36　だから…

式

答え　　　ふくろ

すてっぷ 3
計算 14

（　　　）月（　　　）日（　　　）曜日

あまりの　ある　わり算①

りんごが　13こ　あります。4人で　同じ数ずつ　分けると、1人　何こ　もらえて、何こ　あまりますか？

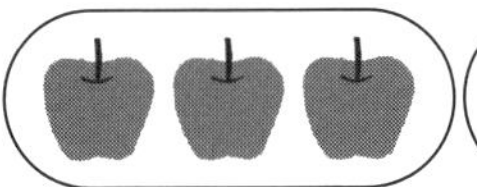

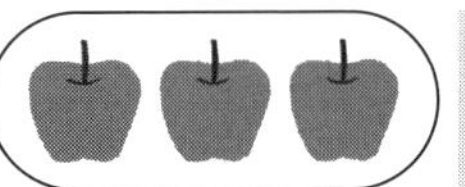

3こずつ　配ると…　4×3＝12　1こ　あまる

4こずつ　配ると…　4×4＝16　3こ　足りない！

一番　あまりが　少ない！

わり算の　式に　すると

13÷4＝3　あまり　1　と書きます。

次の　計算を　しましょう。

(1)　14÷3＝　　あまり

3×4＝12　だから…

(2)　20÷6＝　　あまり

6×3＝18　だから…

スペシャル　問題！

47cmの　リボンを　9cmの　長さに　切って　いくと　何本できて　何本　あまりますか？

9cm	9cm	9cm	9cm	9cm	あまり

47cm

式　47÷9＝□　あまり□

答え　　本　できて　　cm　あまる

すてっぷ 3
計算 15

( )月( )日( )曜日

あまりの ある わり算②

ケーキが 7こ あります。3こずつ 入(はい)る 箱(はこ)に 入(い)れて いくと、何箱(なんはこ) できて 何(なん)こ あまりますか?

3こずつ ○で かこもう!

1箱(はこ)だと… 3×1=3　4こ あまる

2箱(はこ)だと… 3×2=6　1こ あまる

3箱(はこ)だと… 3×3=9　2こ 足(た)りない!

一番(いちばん) あまりが 少(すく)ない!

→わり算(ざん)の 式(しき)に すると

7÷3=2 あまり 1　と書(か)きます。

次(つぎ)の 計算(けいさん)を しましょう。

(1) 51÷8=　　あまり

8×5=40
8×6=48
8×7=56

(2) 47÷6=　　あまり

6×6=□
6×7=□
6×8=□

スペシャル 問題(もんだい)!

17まいの クッキーを 5まいずつ ふくろに 入(い)れて いくと、何(なん)ふくろ できて 何(なん)まい あまりますか?

5まいずつ ○で かこもう!

式(しき) 17÷5=□ あまり □

答(こた)え 　ふくろ できて 　まい あまる

すてっぷ 3
計算 16

( )月( )日( )曜日

あまりの ある わり算③

次の 計算を しましょう。

(1) 18÷4＝

4×3＝□
4×4＝□
4×5＝□

(2) 25÷3＝

(3) 52÷9＝

(4) 39÷6＝

(5) 64÷8＝

(6) 45÷7＝

スペシャル 問題！

80円 持って います。30円の えん筆は 何本 買えて 何円 あまりますか？（ヒント：10円玉で 考えて みよう！）

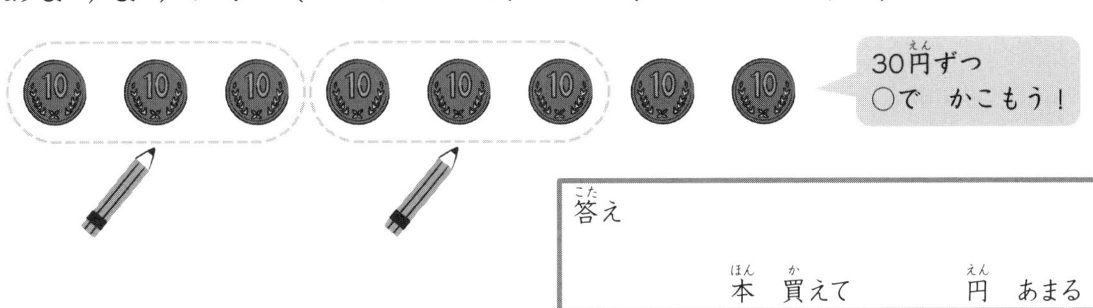

答え

本 買えて 円 あまる

すてっぷ
3
計算 17

( )月 ( )日 ( )曜日

あまりの　ある　わり算④

(1) 14人が　車に　乗って　旅行に　行きます。5人乗りの　車に　全員が　乗るには、自動車は　何台　ひつようですか？

あまった4人も　車に　乗せるので　車は　2+1台　ひつよう。

式　14÷5＝　　あまり

答え　　台

(2) 18まいの　クッキーを、1ふくろに　4まいずつ　入れます。全部の　クッキーを　入れるには、ふくろは　何ふくろ　ひつようですか？

あまった　クッキーも　ふくろに　入れるので　＋1ふくろ

式　18÷4＝　　あまり

答え　　ふくろ

スペシャル　問題！

2Lの　ジュースを　3dLずつ　びんに　分けて　いくと、びんは　何本　ひつようですか？

★ヒント…1L＝10dL。
2L＝(20)dL だね！

あまった　ジュースも　びんに　入れるので　＋1本

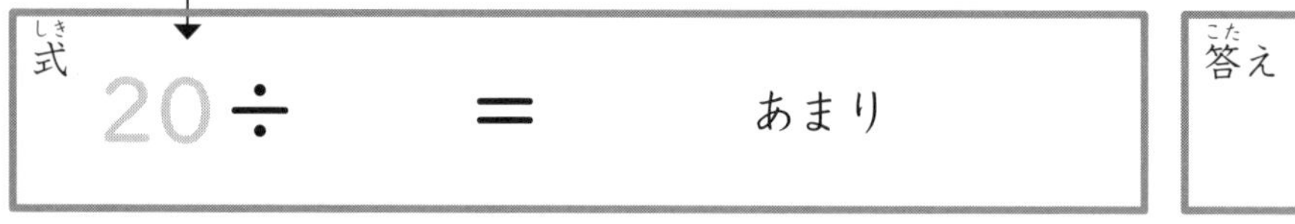

式　20÷　＝　　あまり

答え　　本

(　　　)月(　　　)日(　　　　)曜日

あまりの　ある　わり算⑤

次の　あまりの　ある　わり算の　問題を　ときましょう。
※あまった分を　ふやして　答えるのか、はぶいて　答えるのか、よく　考えましょう。

(1) 計算問題が　29問　あります。1日　4問ずつ　とくと、全部　とくには　何日　かかりますか？

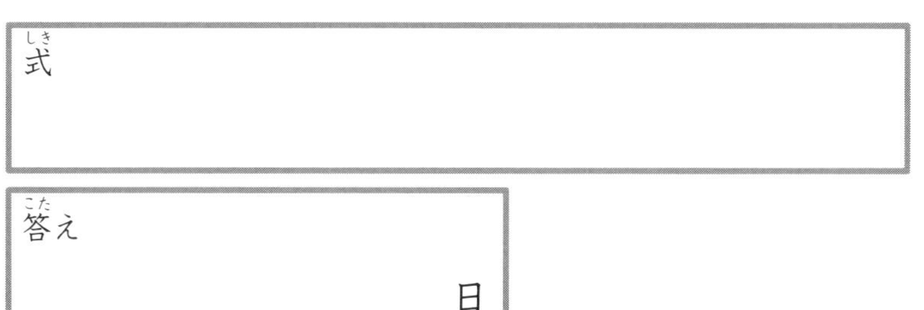

あまった　問題に
取り組む日を　1日
足そう！

(2) 1まいの　画用紙から、カードが　6まい　作れます。カードを　33まい　作るには、画用紙は　何まい　ひつようですか？

(3) 6cmの　ひもを　9mmずつ　切って　いくと、9mmの　ひもは　何本　できますか？

★ヒント…1cm＝10mm。6cm＝(　60　)mmだね！

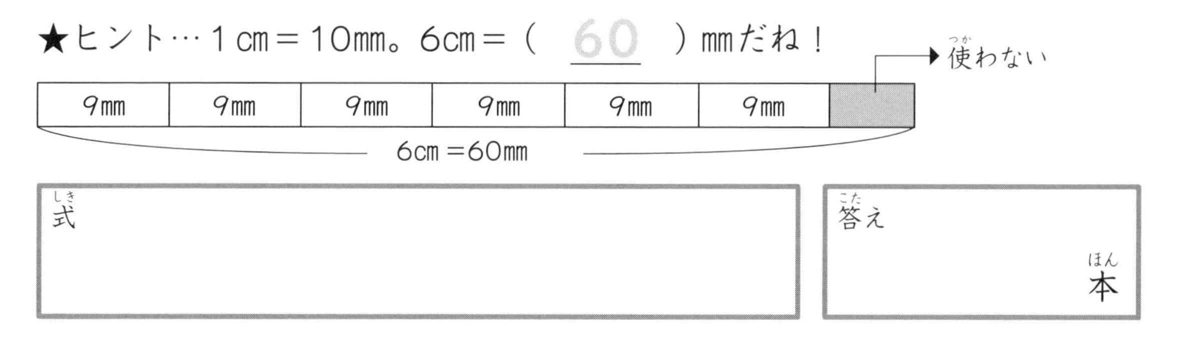

すてっぷ 3
計算 19

( )月( )日( )曜日

かけ算の 筆算①

れいを 見て、筆算に ちょうせんしよう！

(れい)

12
× 3
36

② 3×1＝3の 3を 十の くらいに 書く。
① 3×2＝6の 6を 一の くらいに 書く。

答えを 書こう！

12 × 3 = □

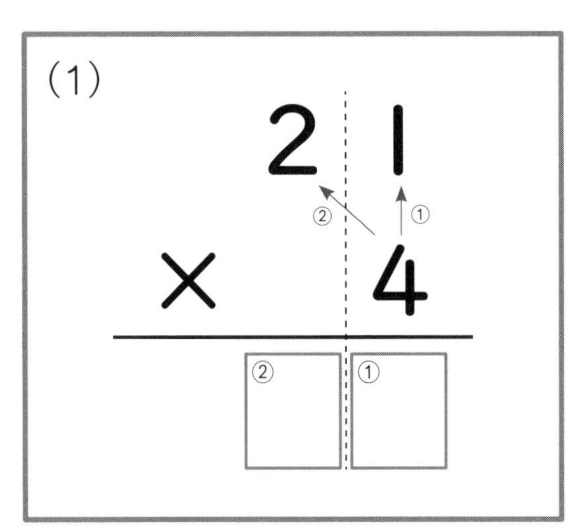

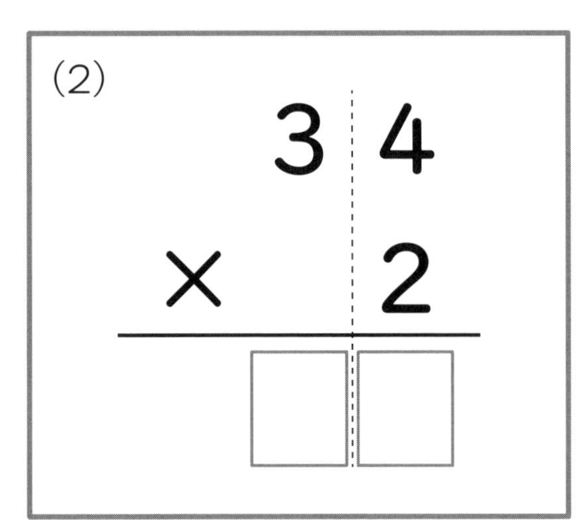

スペシャル 問題！

1箱に えん筆が 4本ずつ 入った 箱が 12箱 あります。
えん筆は 全部で 何本ありますか？

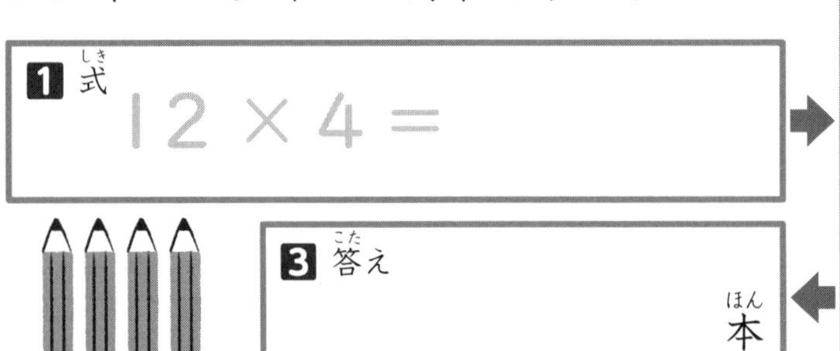

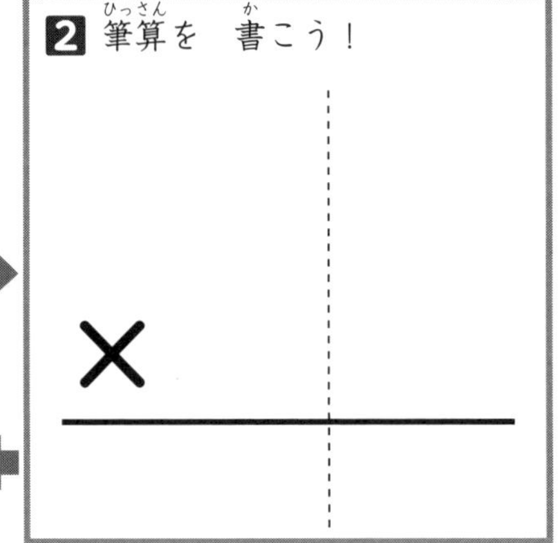

すてっぷ 3
計算 20

(　)月(　)日(　)曜日

かけ算の　筆算②

れいを　見(み)て、筆算(ひっさん)に　ちょうせんしよう！

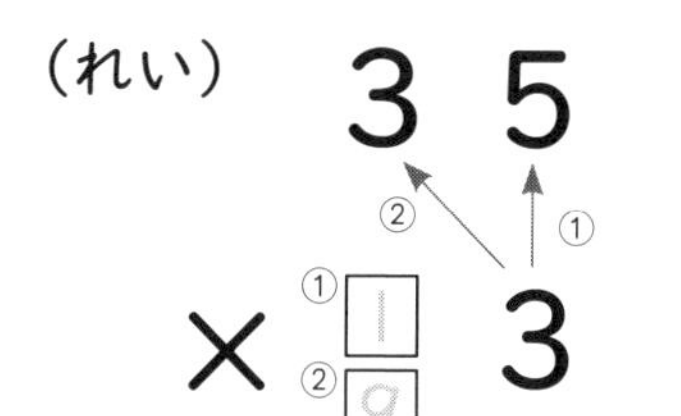

① 3×5＝15
15の「1」は　くり上(あ)がる
② 3×3＝9
③ 1＋9＝10
①で　くり上(あ)がった「1」と
②の「9」を　足(た)す。

答(こた)えを　書(か)こう！

35 × 3 ＝

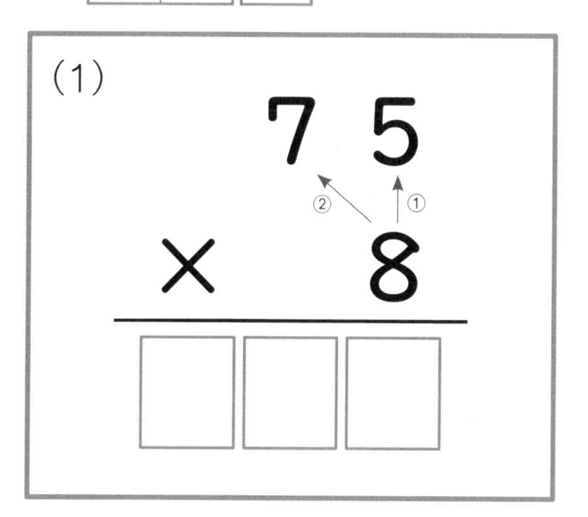

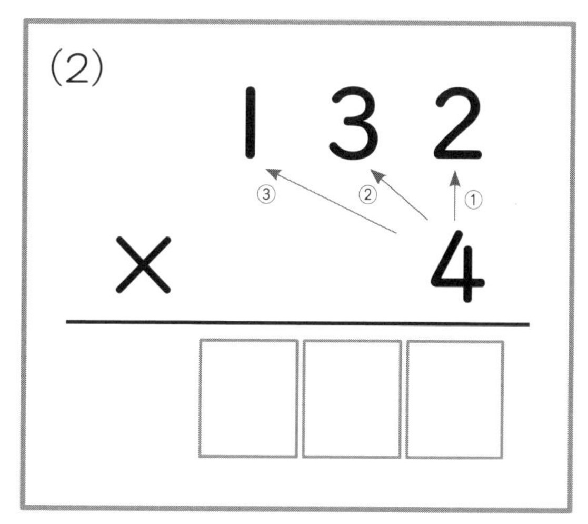

スペシャル　問題(もんだい)！

1こ　125円(えん)の　ケーキを、3こ
買(か)います。全部(ぜんぶ)で　何円(なんえん)に
なりますか？

1 式(しき)　125 × 3 ＝

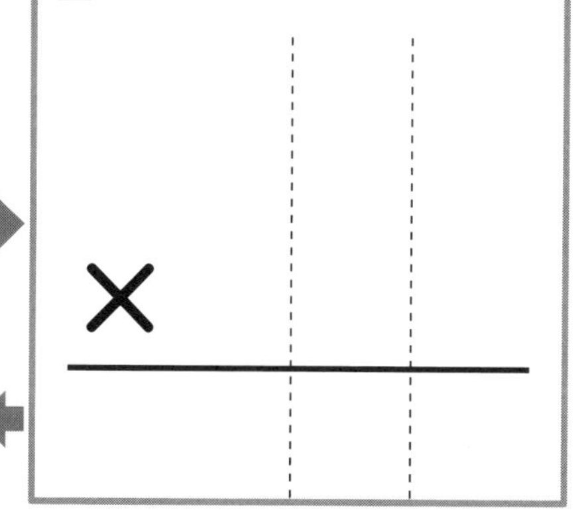

3 答(こた)え
円(えん)

（　　）月（　　）日（　　）曜日

かけ算の　筆算③

れいを　見（み）て、筆算（ひっさん）に　ちょうせんしよう！

（れい）

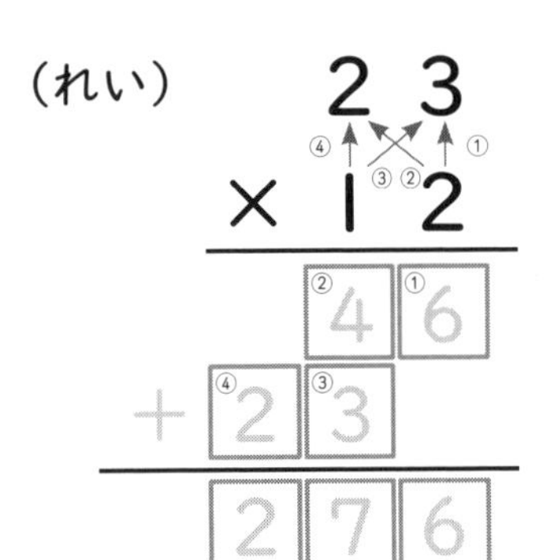

① 2×3＝6
② 2×2＝4
③ 1×3＝3
④ 1×2＝2

23×12＝

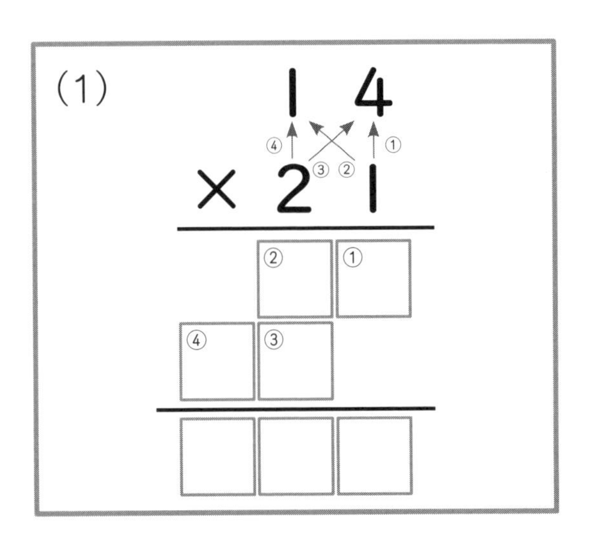

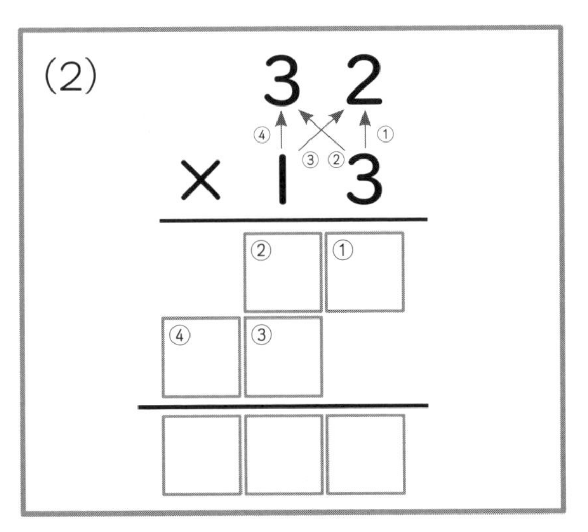

31cmの　リボンを　22本（ほん）　作（つく）ります。
リボンは　全部（ぜんぶ）で　何（なん）cmですか？

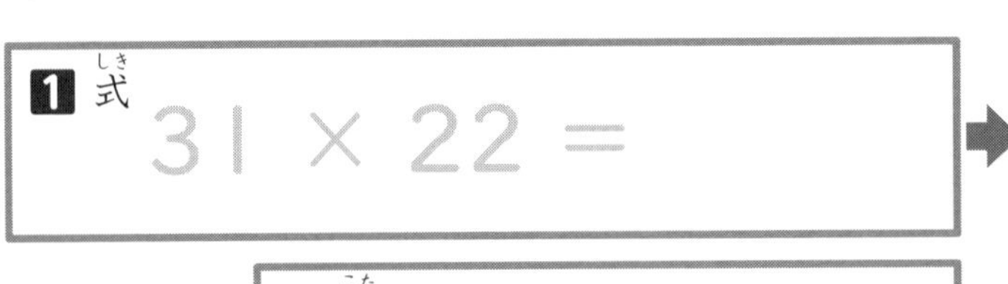

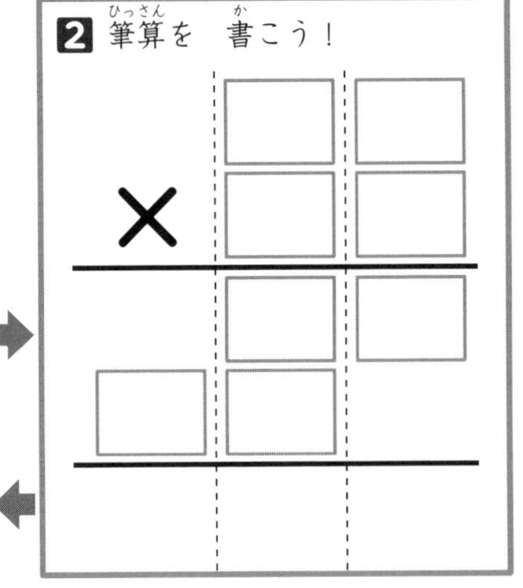

3 答（こた）え

cm（　　m　　cm）

★ヒント
100cm＝1m

すてっぷ 3
計算 22

（　　　）月（　　　）日（　　　）曜日

かけ算の　筆算④

れいを　見て、筆算に　ちょうせんしよう！

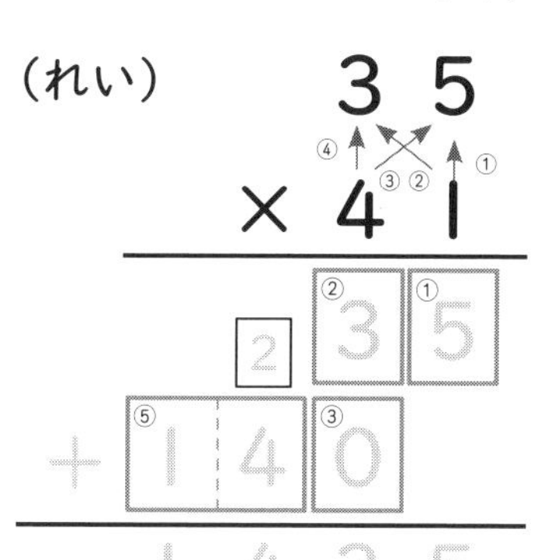

① 1×5＝5
② 1×3＝3
③ 4×5＝20
20の「2」は
くり上げよう！
④ 4×3＝12
⑤ ④の　答え＋③で
くり上げた2
→12＋2＝14

答えを　書こう！

35×41＝

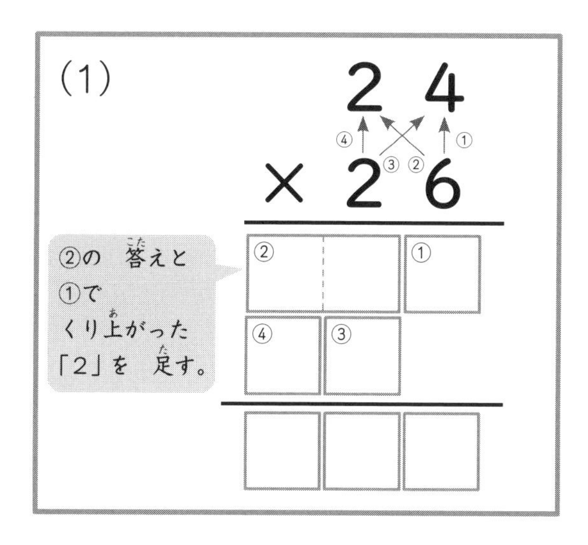

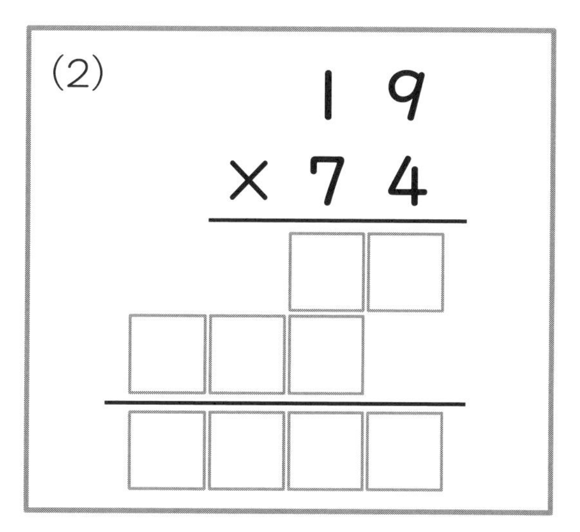

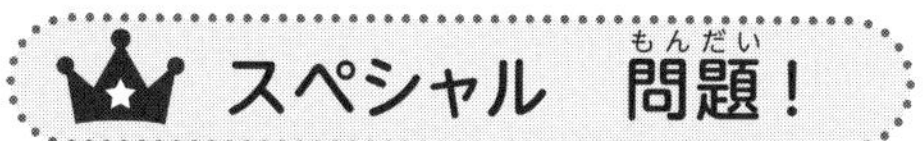

1こ　35円の　りんごを　14こ
買います。全部で　何円ですか？

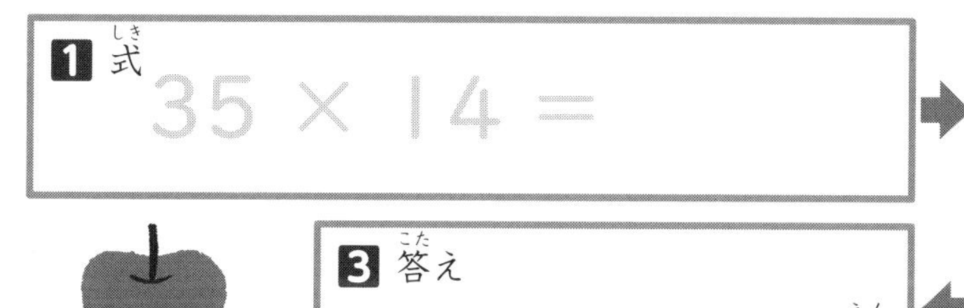

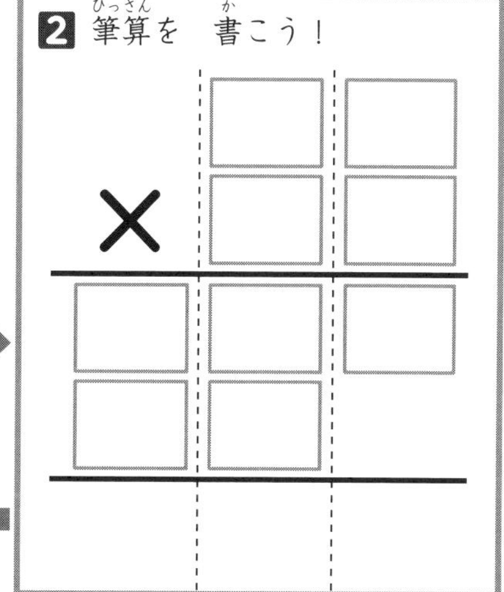

（　　　）月（　　　）日（　　　）曜日

大きな　数①

何円ですか？　答えを　書いたら　金がくを　声に　出して　読みましょう。

（れい）

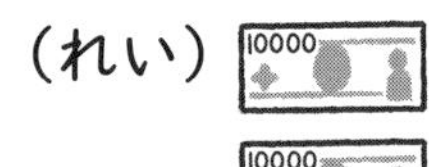

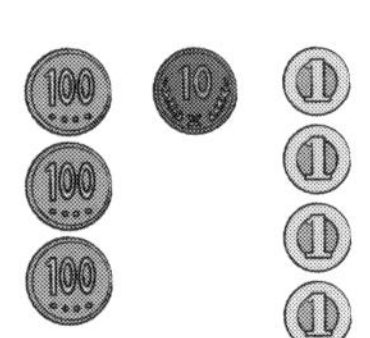

にまん　せん さんびゃく じゅう　よ

万	千	百	十	一
2	1	3	1	4

円

（1）

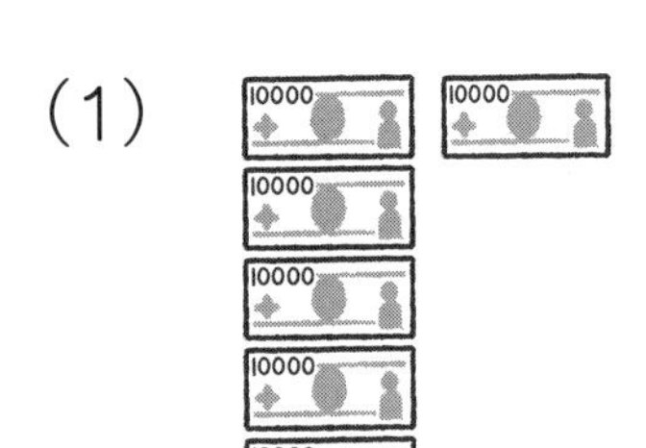

万	千	百	十	一

円

（2）

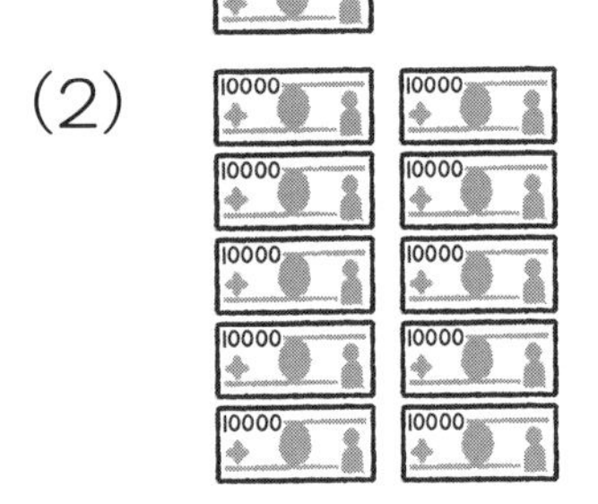

十万	万	千	百	十	一

円

スペシャル　問題！

２つの　数の　大きさを　くらべて、□に　あてはまる　＞や　＜を　書きましょう。

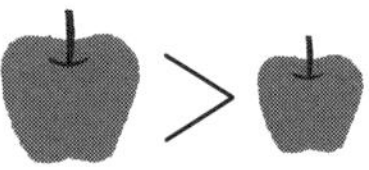

><… 左がわと　右がわの　数の　大小を　表す　記号です。

30 > 20　30の　方が　大きい！

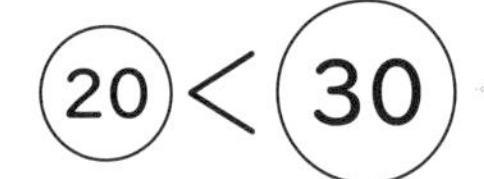

20 < 30　20の　方が　小さい！

（れい）

シャープペンシル

280 円

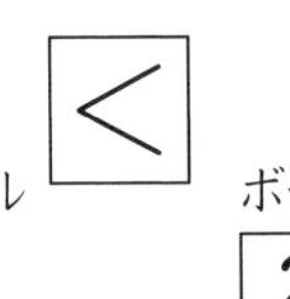

<

ボールペン

290 円

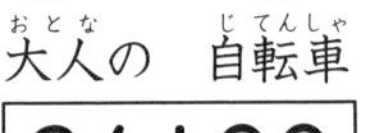

大人の　自転車

34100 円

子どもの　自転車

24900 円

すてっぷ
3
計算 24

（　　　　）月（　　　　）日（　　　　）曜日

大きな　数②

1 10倍の　数、100倍の　数を　考えましょう。

（れい）

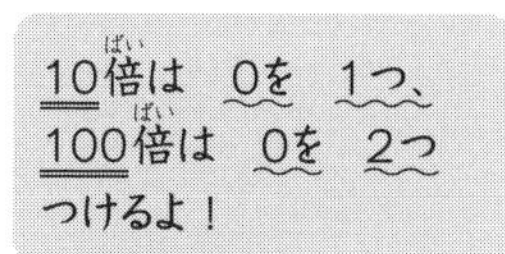

・100円の　10倍は
何円？

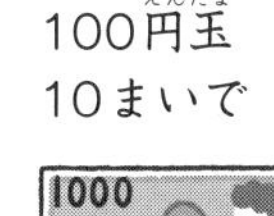

・100円の　100倍は
何円？

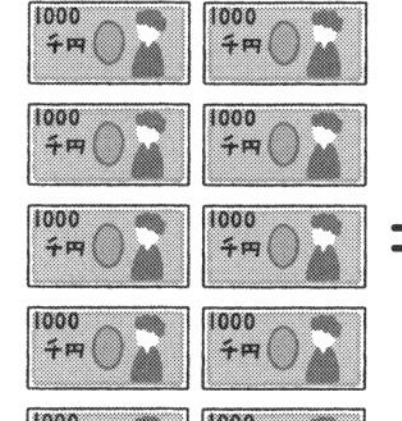
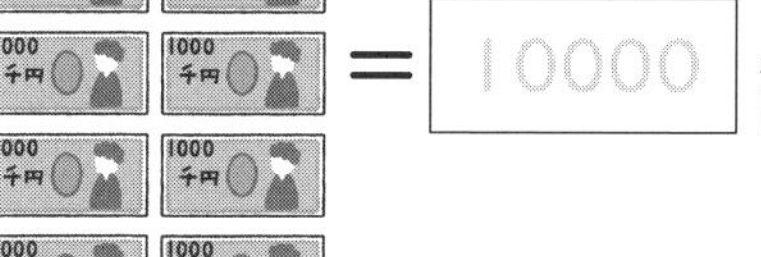

(1) $10 \times 10 =$　　　(2) $7 \times 100 =$

(3) $13 \times 10 =$　　　(4) $56 \times 100 =$

(5) $700 \times 10 =$　　　(6) $4300 \times 100 =$

2 10で　わった数は　いくつ　ですか？

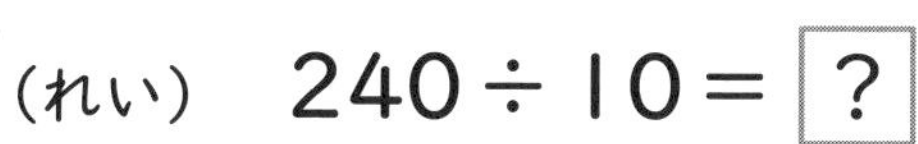
（れい）　$240 \div 10 =$ ？

百	十	一
2	4	0
	2	4

一の　くらいの　0を　取ります。

答え　24

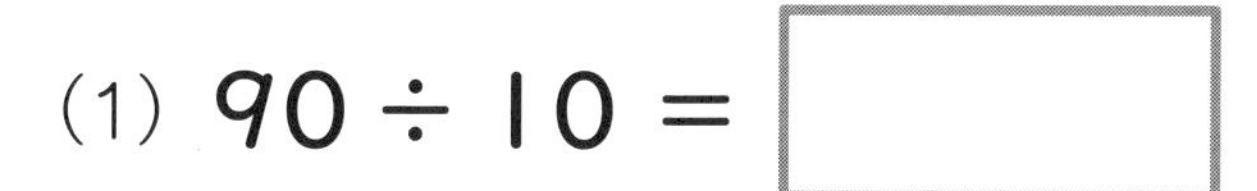
(1) $90 \div 10 =$

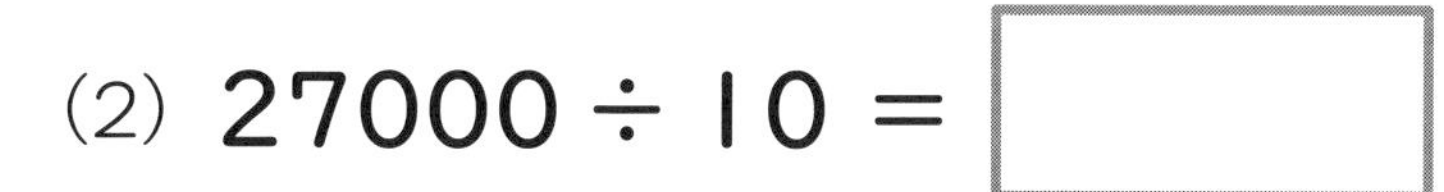
(2) $27000 \div 10 =$

(　　　　)月(　　　　)日(　　　　)曜日

小数の　表し方

小数で　表しましょう。

(れい)

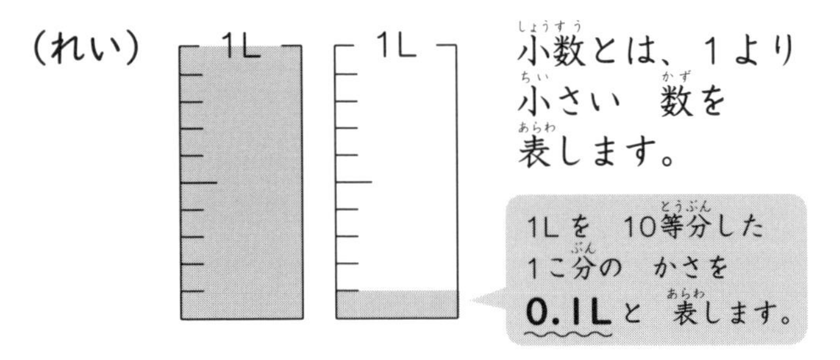

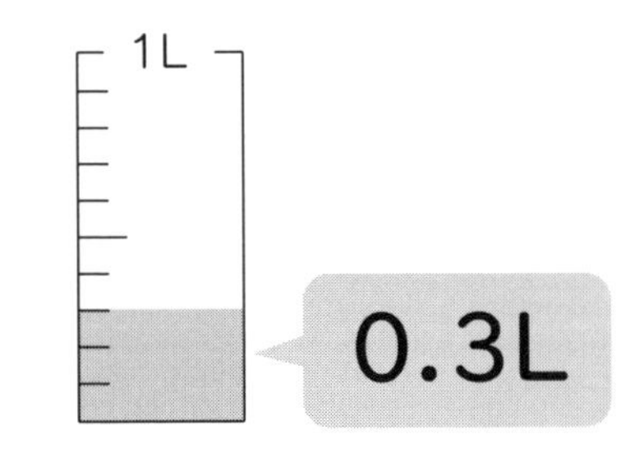

(1)

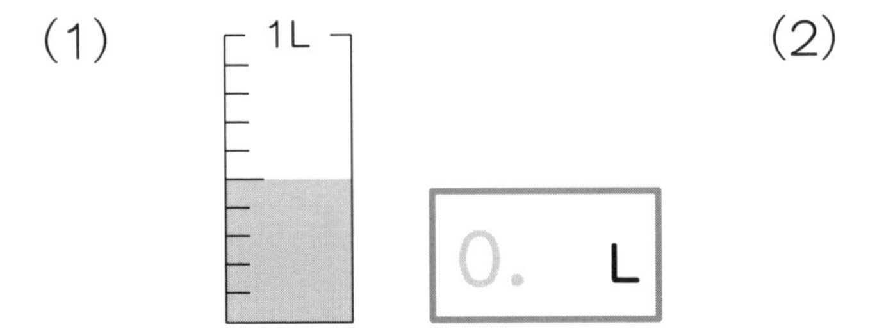

(2)

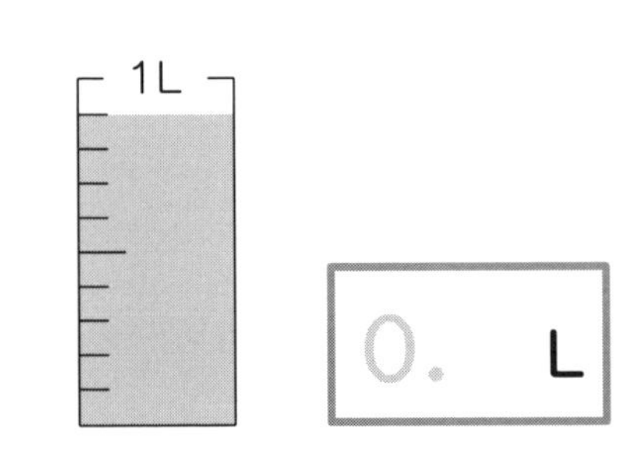

(3)

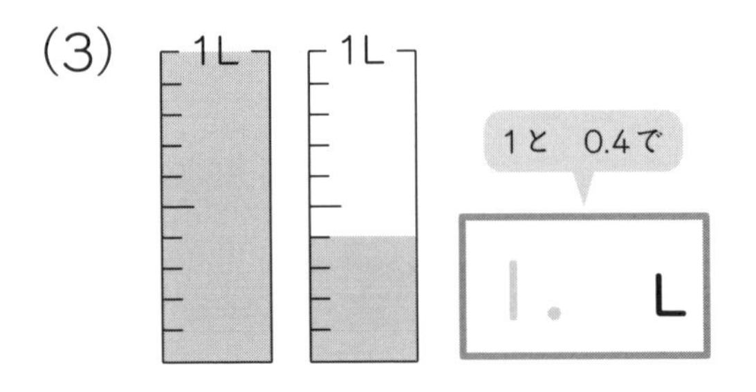

(4)

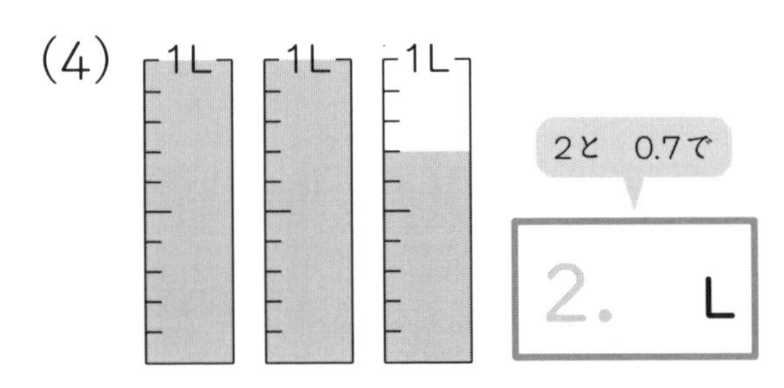

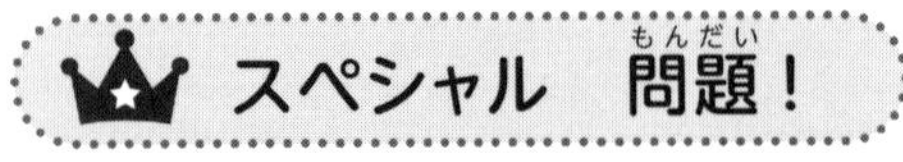

１mmは　何cm　ですか？

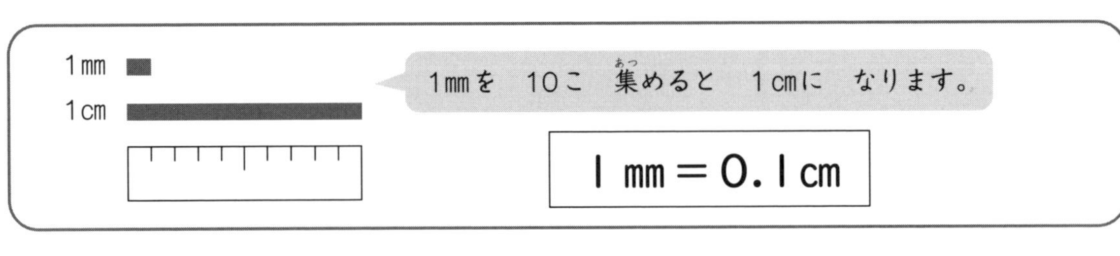

(1) ３mmは(　　　　　)cm　(2) 10mmは(　　　　　)cm

すてっぷ 3
計算 26

（　　）月（　　）日（　　）曜日

小数の　足し算

小数(しょうすう)の　足(た)し算(ざん)を　筆算(ひっさん)で　しましょう。（べつの　紙(かみ)に　書(か)いても　いいよ！）

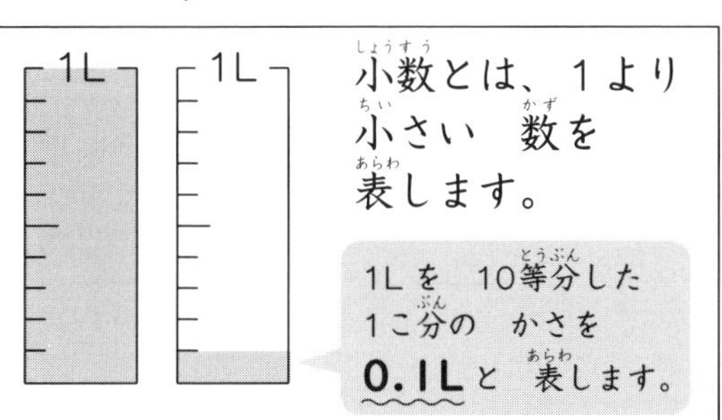

（れい）
$0.2+0.3=0.5$

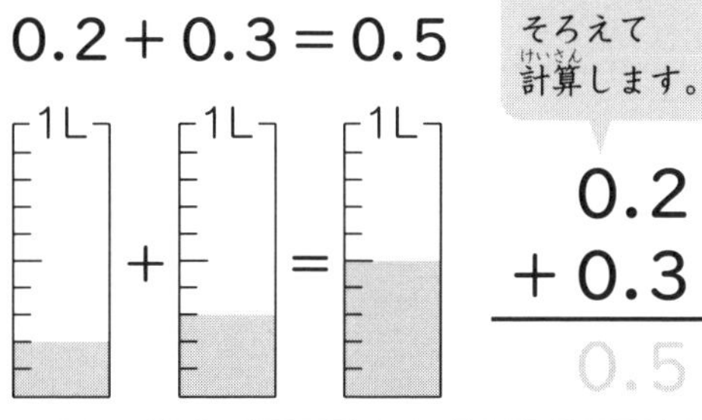

(1)　$0.4 + 0.3 =$ □

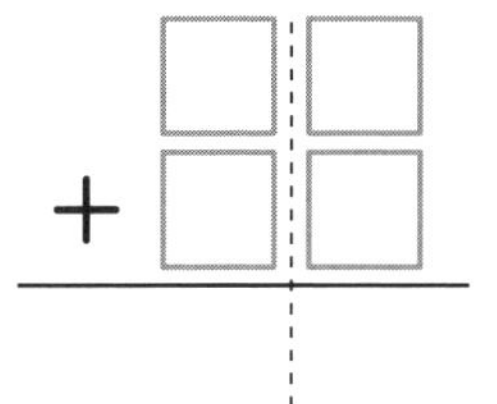

(2)　$1.5 + 0.2 =$ □

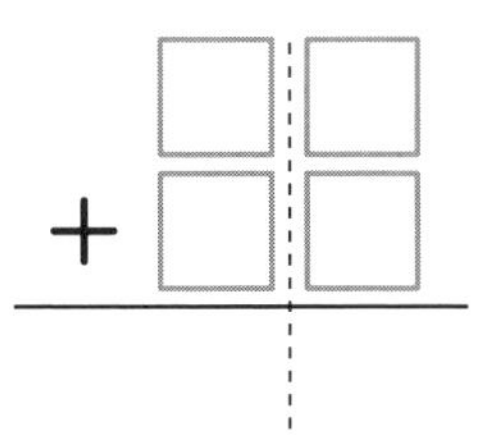

(3)　$3.5 + 2.7 =$ □

(4)　$6 + 1.5 =$ □

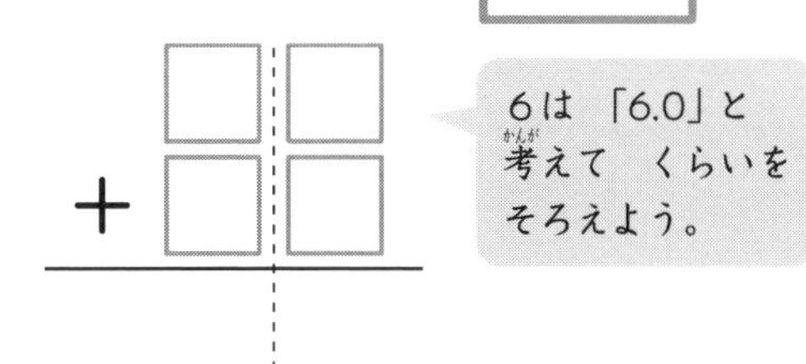

スペシャル　問題(もんだい)！　どちらが　大(おお)きいですか？

（　　）に　>、<を　書(か)いて　答(こた)えましょう。

(1)　1.5cm（　　　）1.2cm

(2)　0.5cm（　　　）5.5cm

(3)　3cm（　　　）3.2cm

すてっぷ 3
計算 27

( )月( )日( )曜日

小数の　引き算

小数の　引き算を　筆算で　しましょう。(べつの　紙に　書いても　いいよ！)

(れい) □

$$2.3 - 1.5 = 0.8$$

①くらいを　そろえて　筆算を　書く。
②右から　計算する。
③答えに　小数点を　打つ。
★小数点の　左が　0の　場合は、消さずに　そのまま　書く。

答えを　書こう！

2.3－1.5＝□

(1) 4.7 － 3.2 ＝□

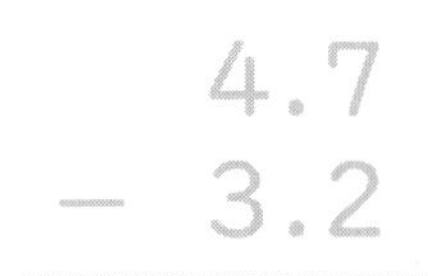

(2) 7.6 － 5.7 ＝□

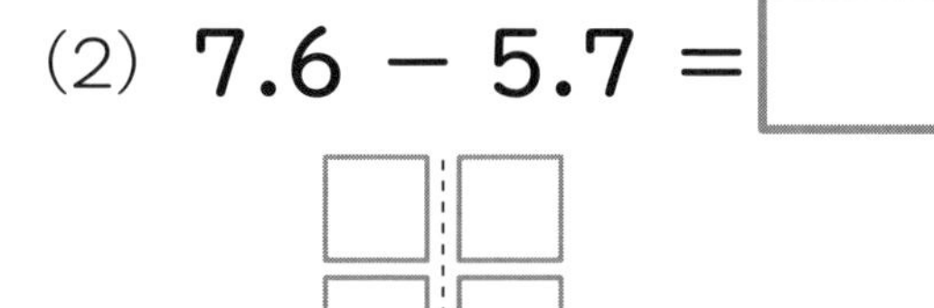

(3) 8 － 3.2 ＝□

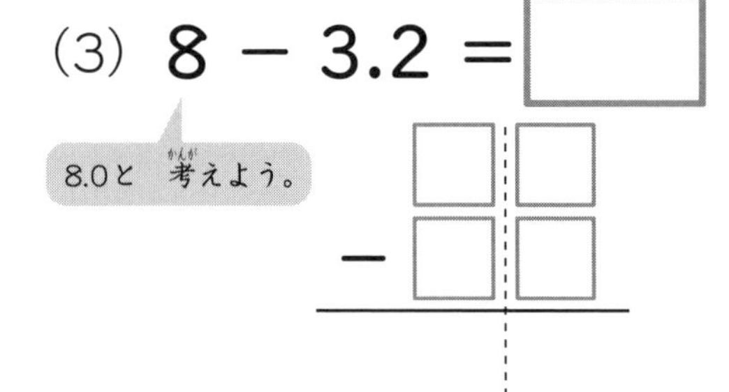

(4) 7.8 － 5 ＝□

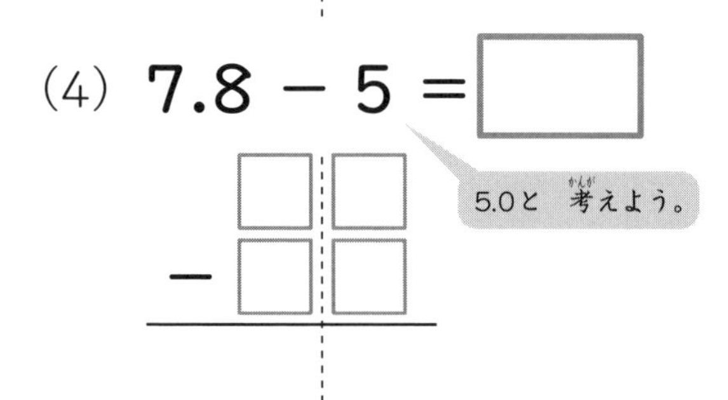

1dL は　何 L ですか？

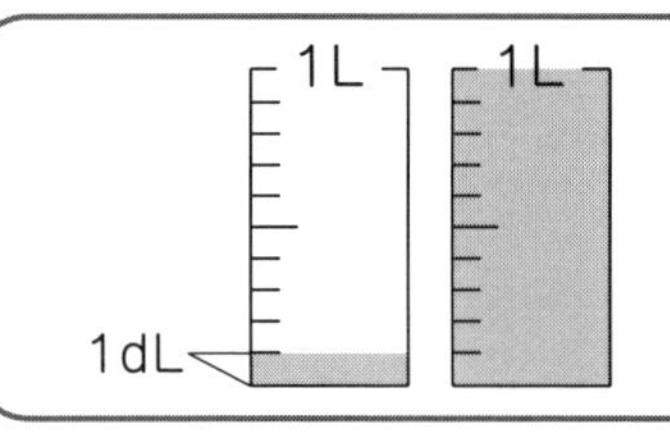

1dL を　10こ　集めると　1L に　なります。

1dL＝0.1L

(1) 0.7L ＝□ dL

(2) 3.2L ＝

L □ dL

すてっぷ 3
計算 28

( )月( )日( )曜日

分数の　表し方

分数(ぶんすう)で　表(あらわ)しましょう。

（れい）

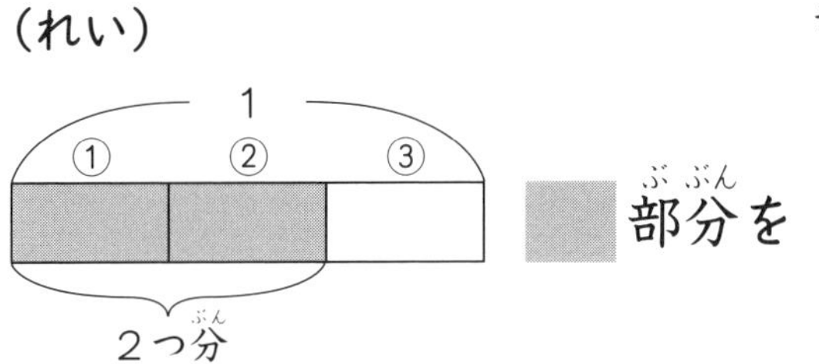

■部分(ぶぶん)を $\frac{2}{3}$ と　表(あらわ)します。

さんぶんのに

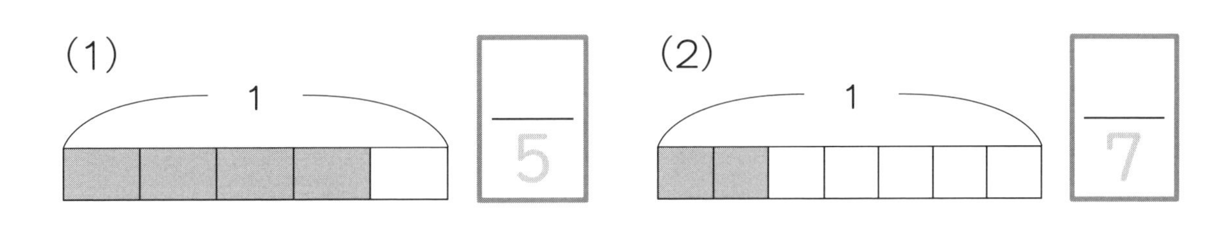

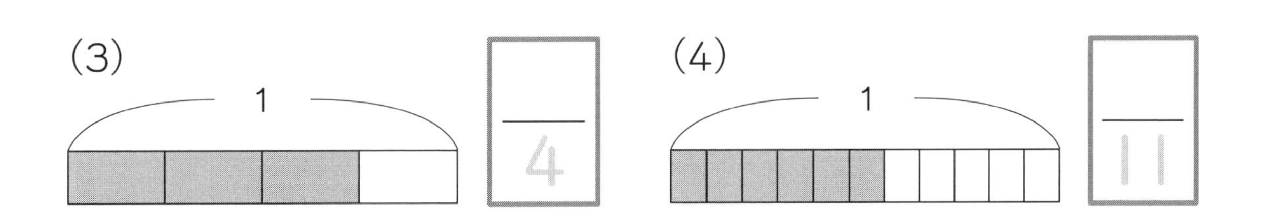

ケーキを　分(わ)けましょう。

色(いろ)が　ついている　部分(ぶぶん)を　分数(ぶんすう)で　表(あらわ)すと・・・

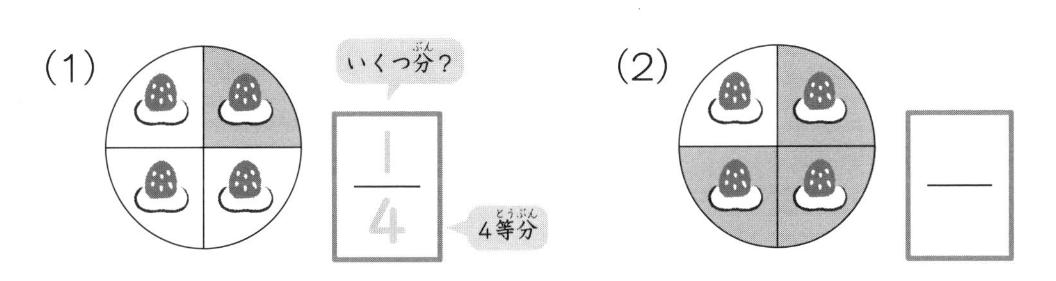

すてっぷ 3
計算 29

( )月 ( )日 ( )曜日

分数の　足し算

分数の　足し算を　しましょう。

(れい)

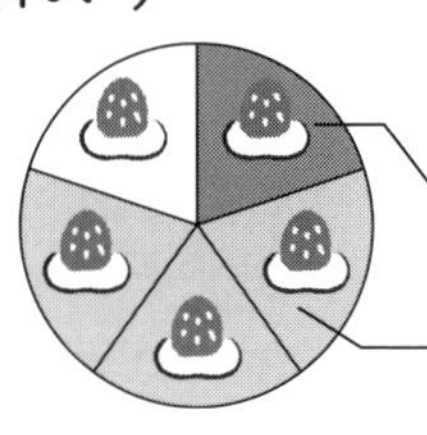

1つの　ケーキを
5等分　した　とき

1こ分を　$\frac{1}{5}$こ (5分の1こ)
3こ分を　$\frac{3}{5}$こ (5分の3こ)
と表します。

$$\frac{1}{5} + \frac{3}{5} = \frac{4}{5}$$

分子 (上の　数) どうしを　計算します。
分母 (下の　数) は　計算しません。

(1) $\frac{1}{4} + \frac{2}{4} = \frac{\square}{4}$

(2) $\frac{2}{5} + \frac{2}{5} = \frac{\square}{\square}$

(3) $\frac{3}{6} + \frac{2}{6} = \frac{\square}{\square}$

(4) $\frac{5}{9} + \frac{4}{9} = \frac{\square}{\square} = \square$

分母と　分子の　数が　同じ
分数は　1と　同じ　大きさです。
(れい) $\frac{5}{5} = 1$

スペシャル　問題！

どちらが　大きいですか？
(　　) に　>、<を　書いて　答えましょう。

(1) $\frac{1}{5}$ (　　　　) $\frac{2}{5}$

(2) $\frac{5}{8}$ (　　　　) $\frac{3}{8}$

図に　表すと
わかりやすいよ！

すてっぷ 3
計算 30

(　　) 月 (　　) 日 (　　) 曜日

分数の　引き算

分数の　引き算を　しましょう。

（れい）$\frac{2}{3} - \frac{1}{3} = \boxed{\frac{1}{3}}$

分子どうしを　計算し
分母は　そのまま！

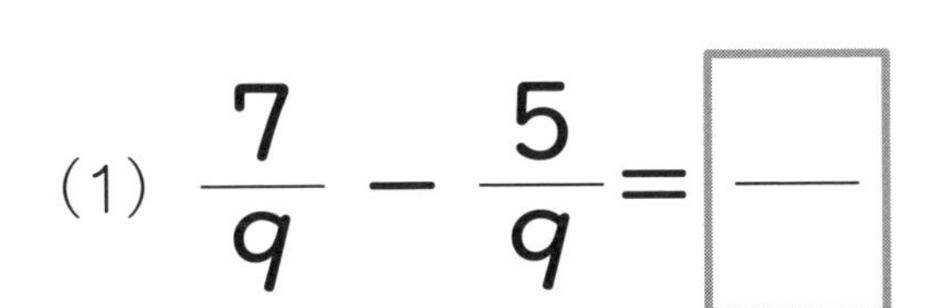

(1) $\frac{7}{9} - \frac{5}{9} = \boxed{\frac{}{}}$　　(2) $\frac{4}{5} - \frac{1}{5} = \boxed{\frac{}{}}$

(3) $\frac{3}{7} - \frac{2}{7} = \boxed{\frac{}{}}$　　(4) $1 - \frac{1}{3} = \boxed{\frac{}{}}$

$1 = \frac{3}{3}$

スペシャル　問題！

分数と　小数で　同じ数を　表しましょう。

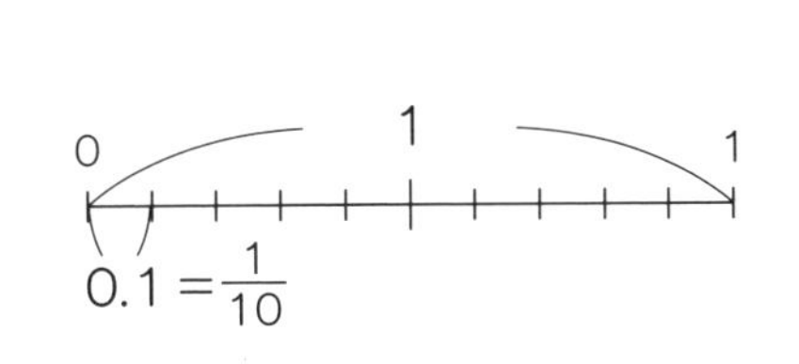

0.1も　$\frac{1}{10}$も、10等分した　1つ分です。

$0.1 = \frac{1}{10}$

(1) $0.3 = \boxed{\frac{}{10}}$　　(2) $\boxed{0.} = \frac{7}{10}$

（　　　）月（　　　）日（　　　）曜日

時間の　計算①

次の　時間を　もとめましょう。

(1) さつきさんは、朝6時に　起きて　7時30分に　家を　出ます。何時間何分で　したくを　すれば　よいですか？

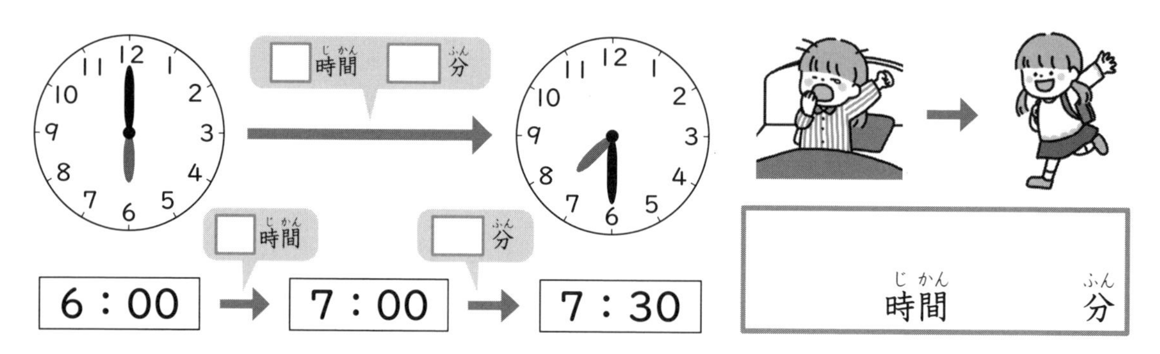

(2) ゆうきくんは、午後2時45分に　学校から　帰って　きました。5時からの　テレビ番組を　見たいそうです。あと　何時間何分　ありますか？

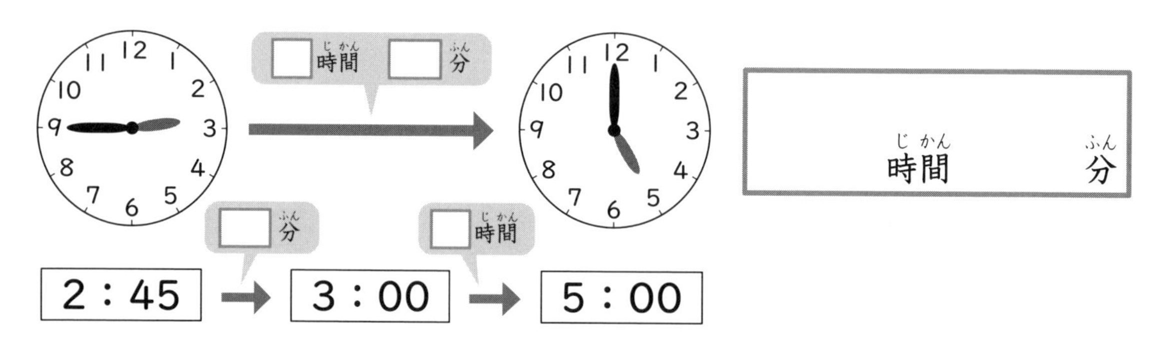

スペシャル 問題！　かかる　時間は？

(1) あなたが、歯を　みがいて　顔を　あらうのに　かかる　時間は？

(2) あなたが、家を　出て　学校に　着くまでの　時間は？

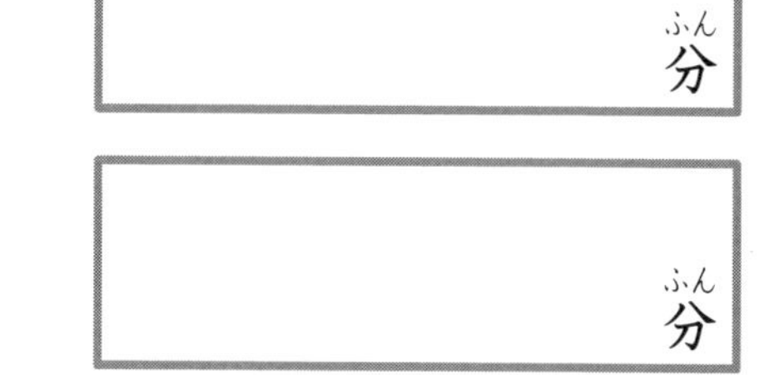

すてっぷ 3
計算 32

（　　　）月（　　　）日（　　　　　）曜日

時間の　計算②

次の　時こくを　もとめましょう。

(1) けんくんは、毎朝7時50分に　家を　出て　学校に　向かいます。家から　学校まで、歩いて　20分　かかります。学校に　着くのは　何時何分ですか？

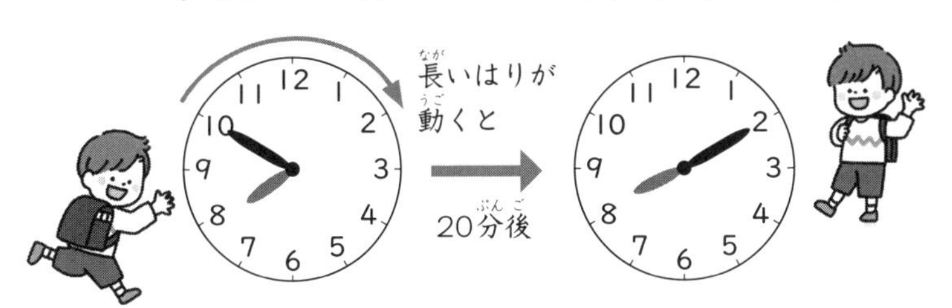

答え
時　　分

(2) みおさんの　家から　図書館まで、歩いて　15分　かかります。3時に　図書館に　着くには、何時何分までに　家を　出ると　よいですか？

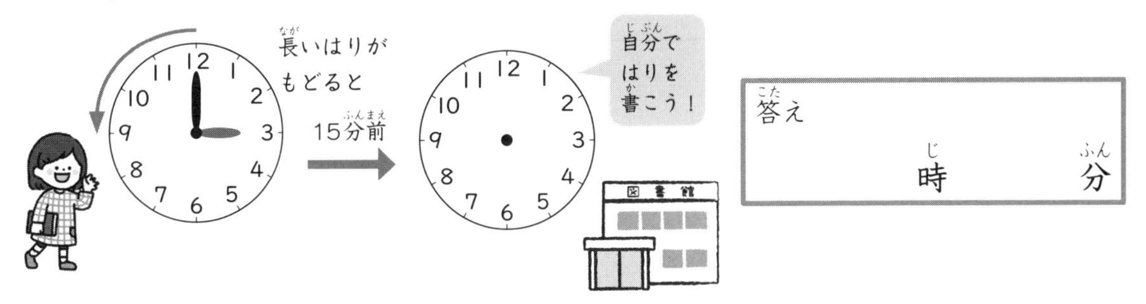

答え
時　　分

スペシャル　問題！

バスの　時こく表を　見てみよう！

アシカがおか

時	分
5	30
6	5　15　45
7	10　25　40　55
8	15　30　40　50
9	10　25　40　55

さとるくんの　家から　アシカがおかの　バスていまで　歩いて　8分です。

(1) 7時に　家を　出ると
□時　□分の　バスに　乗れます。

(2) 8時15分の　バスに　乗るには
□時　□分までに　家を　出ます。

（　　　）月（　　　）日（　　　）曜日

練習プリント①

問題を　作って、足し算・引き算の　筆算を　練習しましょう！

どんな
筆算に　する?

□足し算　□引き算
□足し算・引き算

□〜3けた　□〜4けた
□くり上がり・くり下がりあり

(1)

[　　　　　] ＝ [　　]

(2)

[　　　　　] ＝ [　　]

スペシャル　問題！

お買い物の　文章問題を　作りましょう。(合計・おつり)

● 筆算

式

答え

円

すてっぷ 3 計算

(　　)月(　　)日(　　)曜日

練習プリント②

問題を　作って、かけ算の　筆算を　練習しましょう！

どんな筆算に　する?

□2けた×1けた　□3けた×1けた
□2けた×2けた　□3けた×2けた

(1)

□ × □ = □

×

(2)

□ × □ = □

×

スペシャル　問題！

かけ算の　筆算の　文章問題を　作りましょう。

● 筆算

式

答え

すてっぷ 3 計算

（　　　）月（　　　）日（　　　）曜日

練習プリント③

わり算の　問題を　作って、計算練習を しましょう。

あまり（　なし　・　あり　）

(1) 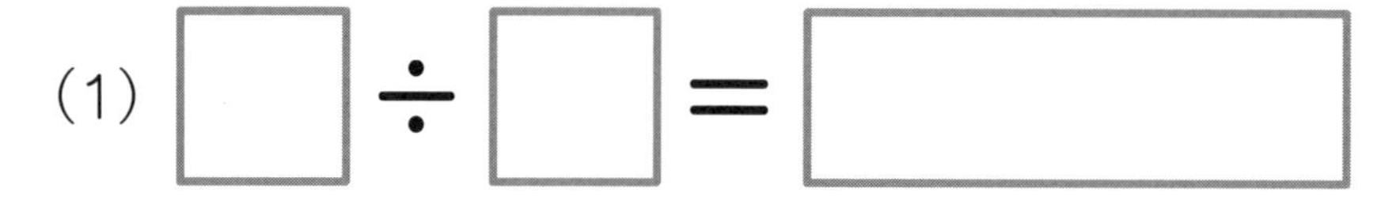

(2) 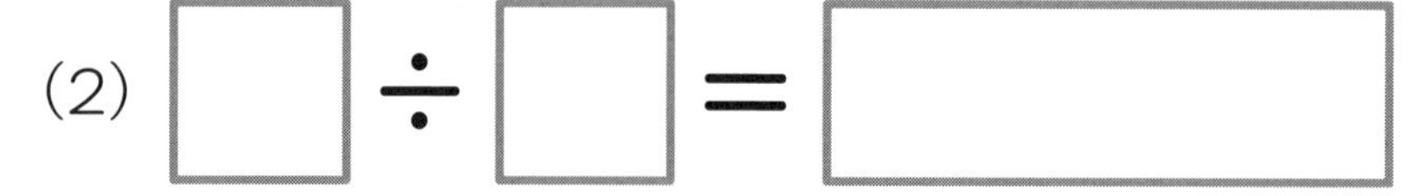

(3) □ ÷ □ ＝ □

(4) 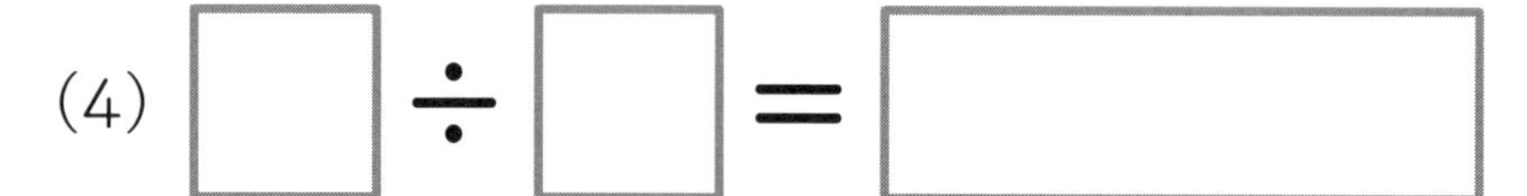

(5) 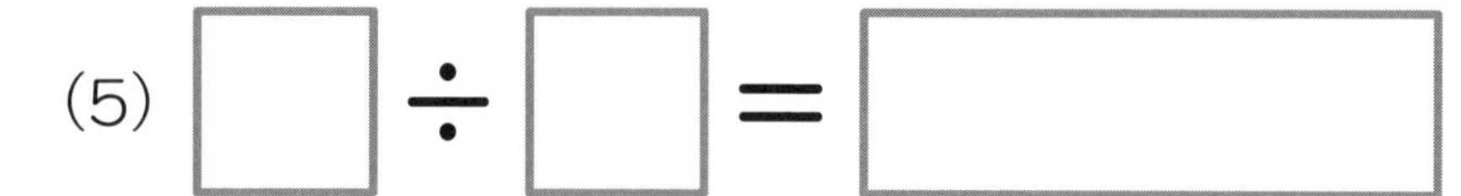

スペシャル　問題！

55～63ページの　スペシャル問題を　見て、自分だけの
わり算の　文章問題を　作りましょう。（絵を　かいても　いいよ。）

式　　＝

答え

（　　　）月（　　　）日（　　　　）曜日

練習プリント④

小数（しょうすう）の　問題（もんだい）を　作（つく）って　ときましょう。

（れい）　0.3 ＋ 0.4

（1）

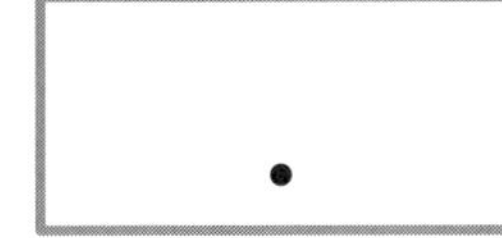

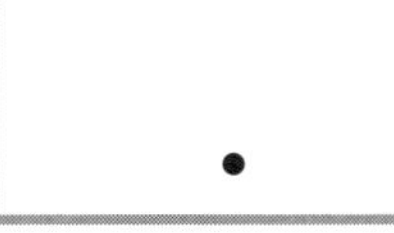

（2）

分数（ぶんすう）の　問題（もんだい）を　作（つく）って　ときましょう。

（れい）　$\frac{2}{5}$ ＋ $\frac{1}{5}$

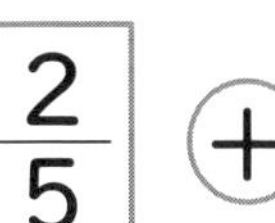

（1）

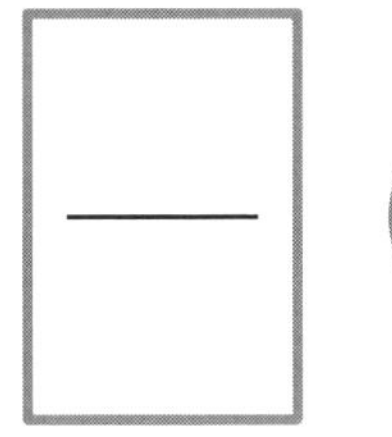

（2）

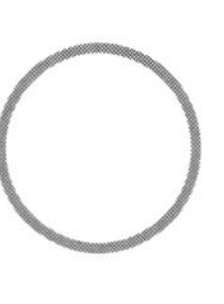

すてっぷ 3 計算

（　　　）月（　　　）日（　　　）曜日

チャレンジテスト1

次の　計算を　しましょう。

①
$$\begin{array}{r} 125 \\ +307 \\ \hline \end{array}$$

②
$$\begin{array}{r} 500 \\ -194 \\ \hline \end{array}$$

③
$$\begin{array}{r} 32 \\ \times\quad 5 \\ \hline \end{array}$$

④
$$\begin{array}{r} 715 \\ \times\quad 2 \\ \hline \end{array}$$

⑤ $9 \div 3 = \square$

⑥ $48 \div 6 = \square$

次の　問題に　答えましょう。

⑦計算問題が　28問　あります。1週間で　終わらせるには、1日　何問　とけば　よいですか？

式

答え

⑧全部で　何円ですか？

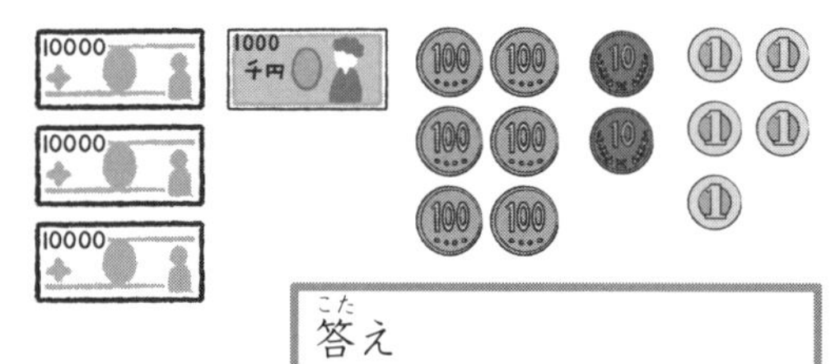

答え　　　円

次の　かさを　小数で　表しましょう。

⑨ 1L　　　　L

⑩ 1L　1L　　　　L

10問中、何問　合って　いましたか？　　問／10問

（　　　）月（　　　）日（　　　）曜日

チャレンジテスト2

次の　計算を　しましょう。

①
$$\begin{array}{r} 7510 \\ +1825 \\ \hline \end{array}$$

②
$$\begin{array}{r} 9212 \\ -7080 \\ \hline \end{array}$$

③
$$\begin{array}{r} 42 \\ \times\ 31 \\ \hline \end{array}$$

④
$$\begin{array}{r} 312 \\ \times\ 45 \\ \hline \end{array}$$

⑤ $50 \div 8 =$ □

⑥ $\frac{5}{7} + \frac{1}{7}$

⑦ $\frac{7}{9} - \frac{2}{9}$

次の　問題に　答えましょう。

⑧5人乗りの　自動車に　乗ります。28人が　全員　乗るには、自動車は　何台　いりますか？

式

答え

⑨さつきさんの　家から　学校まで、歩いて　15分　かかります。8時10分に　学校に　着くためには、何時何分までに　家を　出れば　よいですか？

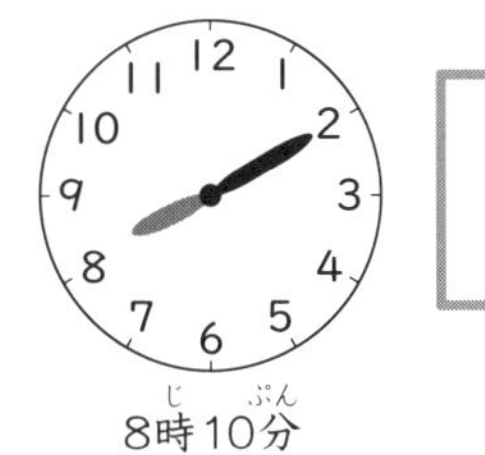

8時10分

時　分

分数の　問題に　答えましょう。

⑩色の　ついている　部分を　分数で　表しましょう。

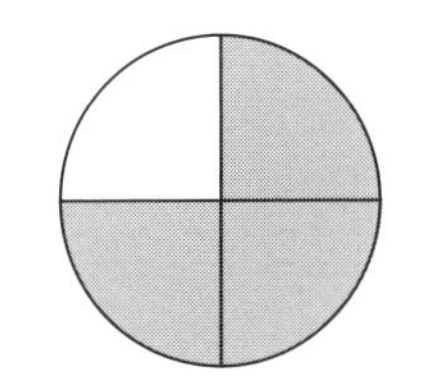

10問中、何問　合って　いましたか？　問／10問

答え

すてっぷ 3 計算

●46ページ【計算1】

(1) 69　(2) 57　(3) 66　(4) 16

【スペシャル問題】

答え　18 (円)

●47ページ【計算2】

(1) 15　(2) 14　(3) 8　(4) 24

(5) 10　(6) 9　(7) 30　(8) 4

(9) 3　(10) 20

【スペシャル問題】

式　3×4＝12　答え　12 (こ)

●48ページ【計算3】

(1) 16 (2) 49　(3) 18　(4) 64

(5) 35 (6) 36 (7) 18　(8) 28

(9) 48　(10) 81

【スペシャル問題】

式　8×5＝40　答え　40 (まい)

●49ページ【計算4】

(1) 158　(2) 141

【スペシャル問題】

式　67＋58＝125　答え　125 (まい)

●50ページ【計算5】

(1) 133　(2) 249

【スペシャル問題】

答え　65 (円)

●51ページ【計算6】

(1) 5913　(2) 5310

【スペシャル問題】

答え　2118 (円)

●52ページ【計算7】

(1) 1909　(2) 615

【スペシャル問題】

答え　285 (円)

●53ページ【計算8】

(1) 637　(2) 99　(3) 663　(4) 538

【スペシャル問題】

答え　2200 (円)

●54ページ【計算9】

(1) 8032　(2) 2565　(3) 6969

(4) 9054

【スペシャル問題】

答え　1750 (円)

●55ページ【計算10】

(1) 4　(2) 6

【スペシャル問題】

式　9÷3＝3　答え　3 (こ)

●56ページ【計算11】

(1) 7　(2) 2　(3) 8　(4) 8

【スペシャル問題】

式　12÷4＝3　答え　3 (人)

●57ページ【計算12】

(1) 7　(2) 1　(3) 4　(4) 9

(5) 6　(6) 3　(7) 5　(8) 4

【スペシャル問題】

式　42÷7＝6　答え　6 (こ)

●58ページ【計算13】

(1) 8　(2) 9　(3) 3　(4) 8

(5) 9　(6) 4　(7) 8　(8) 6

【スペシャル問題】

式　36÷9＝4　答え　4 (ふくろ)

●59ページ【計算14】

(1) 4 (あまり) 2　(2) 3 (あまり) 2

【スペシャル問題】

式　47÷9＝[5]あまり[2]

答え　5 (本できて) 2 (cm あまる)

●60ページ【計算15】

(1) 6 (あまり) 3　(2) 7 (あまり) 5

【スペシャル問題】

式　17÷5＝[3]あまり[2]

答え　3 (ふくろできて) 2 (まいあまる)

●61ページ【計算16】

(1) 4あまり2　(2) 8あまり1

(3) 5あまり7　(4) 6あまり3　(5) 8

(6) 6あまり3

【スペシャル問題】
答え　2（本買えて）20（円あまる）

●62ページ【計算17】

（1）2（あまり）4　答え　3（台）
（2）4（あまり）2　答え　5（ふくろ）
【スペシャル問題】
式　（20÷）3（=）6（あまり）2
答え　7（本）

●63ページ【計算18】

（1）式　29÷4=7あまり1
　　答え　8（日）
（2）式　33÷6=5あまり3
　　答え　6（まい）
（3）式　60÷9=6あまり6
　　答え　6（本）

●64ページ【計算19】

（1）84　（2）68
【スペシャル問題】
答え　48（本）

●65ページ【計算20】

（1）600　（2）528
【スペシャル問題】
答え　375（円）

●66ページ【計算21】

（1）294　（2）416
【スペシャル問題】
答え　682（cm）（6m82cm）

●67ページ【計算22】

（1）624　（2）1406
【スペシャル問題】
答え　490（円）

●68ページ【計算23】

（1）63531（円）　（2）100000（円）
【スペシャル問題】>

●69ページ【計算24】

（1）100　（2）700　（3）130
（4）5600　（5）7000　（6）430000
【スペシャル問題】
（1）9　（2）2700

●70ページ【計算25】

（1）0.5　（2）0.9　（3）1.4　（4）2.7
【スペシャル問題】
（1）0.3　（2）1

●71ページ【計算26】

（1）0.7　（2）1.7　（3）6.2　（4）7.5
【スペシャル問題】
（1）>　（2）<　（3）<

●72ページ【計算27】

（1）1.5　（2）1.9　（3）4.8　（4）2.8
【スペシャル問題】
（1）7（dL）　（2）3（L）2（dL）

●73ページ【計算28】

（1）$\frac{4}{5}$　（2）$\frac{2}{7}$
（3）$\frac{3}{4}$　（4）$\frac{6}{11}$
【スペシャル問題】
（1）$\frac{1}{4}$　（2）$\frac{3}{4}$

●74ページ【計算29】

（1）$\frac{3}{4}$　（2）$\frac{4}{5}$　（3）$\frac{5}{6}$　（4）$\frac{9}{9}$、1
【スペシャル問題】
（1）<　（2）>

●75ページ【計算30】

（1）$\frac{2}{9}$　（2）$\frac{3}{5}$　（3）$\frac{1}{7}$　（4）$\frac{2}{3}$
【スペシャル問題】
（1）$\frac{3}{10}$　（2）0.7

●76ページ【計算31】

（1）1（時間）30（分）
（2）2（時間）　15（分）

●77ページ【計算32】

（1）8（時）10（分）　（2）2（時）45（分）
【スペシャル問題】
（1）7（時）10（分）　（2）8（時）7（分）

●82ページ【チャレンジテスト１】

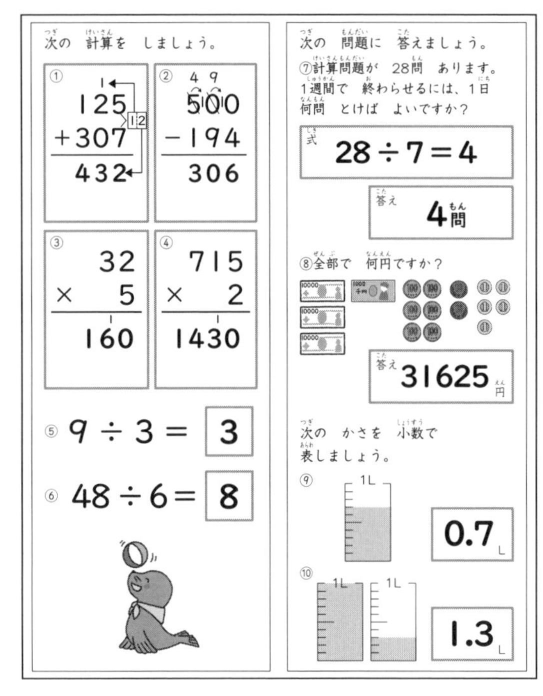
次の 計算を しましょう。

① 125 ＋307 ＝ 432

② 500 −194 ＝ 306

③ 32 × 5 ＝ 160

④ 715 × 2 ＝ 1430

⑤ 9 ÷ 3 ＝ 3

⑥ 48 ÷ 6 ＝ 8

次の 問題に 答えましょう。

⑦計算問題が 28問 あります。1週間で 終わらせるには、1日 何問 とけば よいですか？

式 28 ÷ 7 ＝ 4

答え 4問

⑧全部で 何円ですか？

答え 31625円

次の かさを 小数で 表しましょう。

⑨ 0.7L

⑩ 1.3L

①〜④筆算の くり上がり、くり下がりは かならず 書きこもう！
⑤は 3の だん、⑥は 6の だんの 九九を となえて 答えを さがそう！

⑦1週間は 7日。だから、7で われば いいんだね！
⑧お金を しゅるいごとに 数えよう。

⑨⑩1Lを 10等分 しているので、1目もりは 0.1L。目もりを よく 見て、数え間ちがえないように しよう。

●83ページ【チャレンジテスト２】

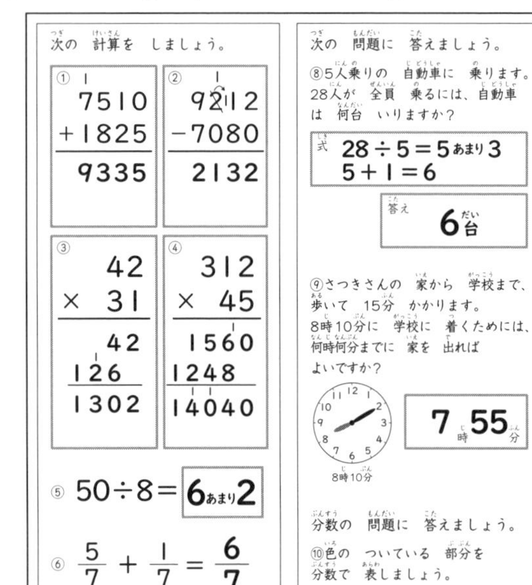
次の 計算を しましょう。

① 7510 ＋1825 ＝ 9335

② 9212 −7080 ＝ 2132

③ 42 × 31 ＝ 42, 126, 1302

④ 312 × 45 ＝ 1560, 1248, 14040

⑤ 50÷8＝6あまり2

⑥ $\frac{5}{7}+\frac{1}{7}=\frac{6}{7}$

⑦ $\frac{7}{9}-\frac{2}{9}=\frac{5}{9}$

次の 問題に 答えましょう。

⑧5人乗りの 自動車に 乗ります。28人が 全員 乗るには、自動車は 何台 いりますか？

式 28÷5＝5あまり3　5＋1＝6

答え 6台

⑨さつきさんの 家から 学校まで、歩いて 15分 かかります。8時10分に 学校に 着くためには、何時何分までに 家を 出れば よいですか？

8時10分

7時55分

分数の 問題に 答えましょう。

⑩色の ついている 部分を 分数で 表しましょう。

$\frac{3}{4}$

①〜④筆算の くり上がり、くり下がりは かならず 書きこもう！
⑤は、8の だんの 九九を となえて、50に 一番 近い 50より 小さい 数を さがそう。
⑥⑦分子どうしを 計算しよう！

⑧全員を 乗せるには、あまった 3人にも 車が ひつよう。
だから「5+1」を するんだね。
⑨8時10分の 時計に、15分前の 長い はりを 書きこんで みよう！
長い はりは 11を 指すから、答えは 7時55分だね。

⑩4等分したうちの 3つ分だから、$\frac{3}{4}$だね。

おしかった ところは
ふく習して おこう！

執筆者紹介

伊庭葉子（いば・ようこ）［監修］

株式会社 Grow-S 代表取締役（特別支援教育士）
1990年より発達障害をもつ子どもたちの学習塾「さくらんぼ教室」を展開。生徒一人ひとりに合わせた学習指導、SST（ソーシャル・スキル・トレーニング）指導を実践している。教材の出版、公的機関との連携事業、講演や教員研修なども行っている。

小寺絢子（こでら・あやこ）

株式会社 Grow-S 教室運営部・教務リーダー
さくらんぼ教室・教室長を歴任。わかりやすく楽しい学習指導、SST 指導を実践している。現在は教務リーダーとして、学習や SST のカリキュラム作成、教材作成、人材育成など幅広く担当している。

株式会社 Grow-S　さくらんぼ教室

勉強が苦手な子ども、発達障害をもつ子どものための学習塾。1990年の開設以来、「自分らしく生きるために、学ぼう。」をスローガンに、一人ひとりに合わせた学習指導、SST 指導を実践している。千葉県・東京都・神奈川県・茨城県の13教室で2歳～社会人まで2,500人が学習中（2021年3月現在）。教材の出版、学校での出張授業や研修、発達障害理解・啓発イベントなども行う。
さくらんぼ教室ホームページ
http://www.sakuranbo-class.com/

CD-ROM付き
自分のペースで学びたい子のための
サポートドリル
漢字・計算　すてっぷ3

2021年7月10日　初版第1刷発行

監　修　伊庭葉子
著　小寺絢子
発行者　花岡萬之
発行所　学事出版株式会社
〒101-0021　東京都千代田区外神田2-2-3
電話03-3255-5471
HPアドレス　https://www.gakuji.co.jp

企画　三上直樹
編集協力　狩生有希（株式会社桂樹社グループ）
デザイン・装丁　中田聡美
印刷・製本　研友社印刷株式会社

ISBN 978-4-7619-2706-6　C3037